쉽게 읽는 지식총서

세계사
(世界史)

惠園出版社

쉽게 읽는 지식총서 **세계사**

지은이 | 요하임 가르츠
옮긴이 | 우호순
펴낸이 | 전채호
펴낸곳 | 혜원출판사
등록번호 | 1977. 9. 24 제8-16호

편집 | 장옥희 · 석기은 · 전혜원
디자인 | 홍보라
마케팅 | 채규선 · 배재경 · 전용훈
관리 · 총무 | 오민석 · 신주영 · 백종록
출력 | 영준그래픽스
인쇄 · 제본 | 백산인쇄

주소 | 경기도 파주시 교하읍 문발리 출판문화정보산업단지 507-8
전화 · 팩스 | 031)955-7451(영업부) 031)955-7454(편집부) 031)955-7455(FAX)
홈페이지 | www.hyewonbook.co.kr / www.kuldongsan.co.kr

Welt-Geschichte by Dr. Joachim Gartz

ISBN 978-89-344-1009-6

쉽게 읽는 지식총서

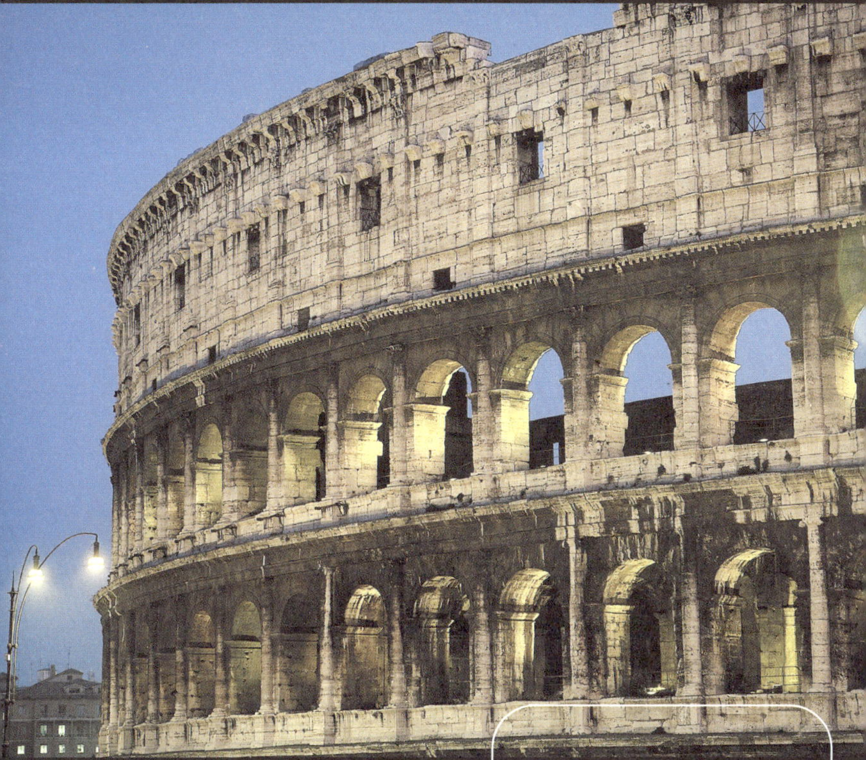

World history

세계사

요하임 가르츠 지음 / 우호순 옮김

혜원

목차

Ⅲ. 고대

IV. 중세

VI. 20세기

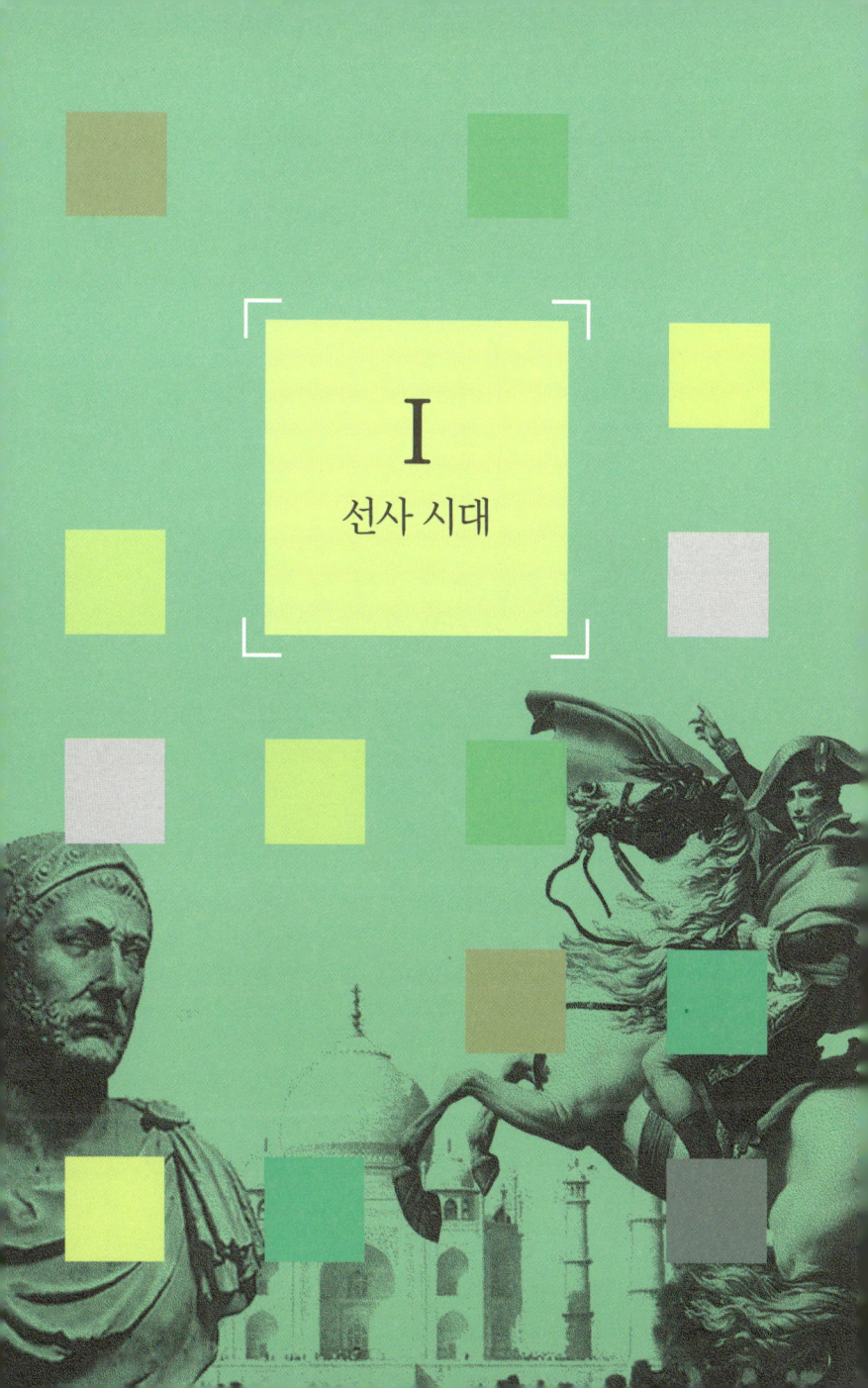

I

선사 시대

고대사(古代史) 혹은 선사(先史)라는 용어는 일반적으로 어떤 형식으로도 문자 전달이 이루어지지 않았기 때문에 발굴 유품들에 의존할 수밖에 없다. 선사 시대는 일반적으로 BC 약 200만 년 전에서 4000년 정도 되는 인류 역사의 시기를 말한다.

점토 입상

1. 시기적 분류

크로마뇽인

고대사는 크게 석기 시대, 청동기 시대, 철기 시대로 구분된다. 석기 시대에는 금속이 사용되기 전이었으므로 돌로 도구와 무기를 만들었다. 주로 빙하기(홍적세, Pleistocene)인 BC 약 250만 년 전에서 8000년 전까지 계속되는데, 빈번한 기상이변이 특징이었다. 이러한 기상이변을 적응해 나가는 과정에서 인류 문명은 계속 발전하였다.

석기 시대는 다시 구석기 시대, 중석기 시대, 신석기 시대(충적세)로 구분된다. 선사 시대를 분류할 때 중요한 점은 동양에서의 문자(文字) 전파를 들 수 있다. 그러므로 선사 시대에서 문자가 없던 시기는 동양 최초의 고대 문명 훨씬 초반까지 거슬러 올라간다. 그러나 선사 시대의 연구는 유럽에서 대부분 이루어졌기 때문에 크로마뇽(Cro-Magnon)인을 비롯해서 많은 용어들이 유럽과 연관이 있다.

선사 시대는 유럽 외곽지역에서부터 시작되었으며, 중심부 두 곳에 근거를 두고 중요하게 발전하였다. 일부에서는 그곳을 오늘날의 아프리카 동부와 남동부 지역이라고 여기며, 구석기 시대에 이곳에서 인류가 출현했다고 추측한다. 반면 다른 연구에서는 오리엔트 전방 구역에서 오늘날 현 인류의 전신인 호모 사피엔스(Homo sapiens)가 출현했다고 한다.

! 세계사 연표

BC 500000~5500년	구석기~중석기 시대
BC 5500~2200년	신석기 시대
BC 2200~800년	청동기 시대
BC 800~400년	초기 철기 시대(할슈타트 시대)
BC 400~15년	후기 철기 시대(라 텐 시대)

2. 구석기 시대

약 200~500만 년 전에 시작된 구석기 시대는 석기 시대에서 가장 길었던 시기였다. 이 시점에 최초의 인류라고 부를 수 있는 두 종류의 영장류가 등장했는데, 오스트랄로피테쿠스(Australopithecus)와 호모 하빌리스(Homo habilis)이다.

오스트랄로피테쿠스는 특히 아프리카 대륙에서 발견되었다. 두 다리로 직립보행하며 주로 과일과 나무뿌리, 작은 동물을 채집한 것으로 보인다. 그에 비해 사냥은 별로 즐기지 않았던 듯하다.

화석 자료로만 보면, 인류의 모든 발달은 약 200만 년 전까지 오직 아프리카 대륙에서만 이루어졌다. 호모 하빌리스까지 인류의 조상이 아프리카 대륙 남쪽 밖에서 발견된 예는 단 하나도 없었다.

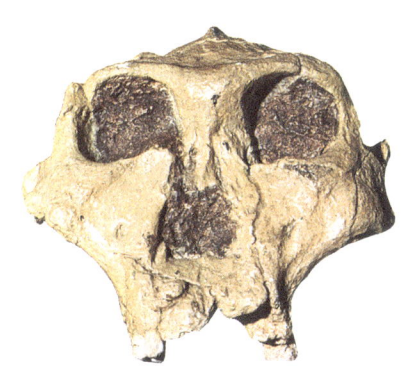

오스트랄로피테쿠스 두개골

그 뒤로 세상을 '정복하기' 위한 최초의 '직립인간'인 호모 에렉투스(Homo erectus)가 출현하였다. 호모 에렉투스는 호모 하빌리스보다 몸집이 크고 더 큰 뇌를 소유했는데, 그들이 지구상에 존재하는 동안 이 뇌는 거의 두 배로 커졌다. 도구 제작에서도 호모 에렉투스가 호모 하빌리스보다 훨씬 더 숙련되었다. 50만 년 전에 불을 발견한 것도 이들이며, 불을 사용함으로써 추운 기후에서도 버틸 수 있게 되었던 것이다.

선사 시대 석기(石器)

1) 호모 사피엔스

구석기 시대에는 호모 사피엔스도 등장하였다. 이들은 직립보행을 하며, 언어능력을 가지고 있었다는 것이 특징이다. 그러나 현대 인류의 이

전 조상으로서 약 4만 년 전에 처음 등장하였으며, 문자 시대로 넘어가는 과도기에서야 비로소 역사적으로 증명이 가능했다. 일시적으로 출현하는 네안데르탈(Neanderthal)인도 여기에 속하는데, 이들은 발전했다기보다는 오히려 퇴행했다. 그래서 인류 진화의 장에서 비교적 일찍 사라졌던 것이다.

오늘날 학계에서는 네안데르탈인이 빨리 멸종한 것에 대해 여러 가지 이론들이 있다. 네안데르탈 단계라고 하는, 진화상의 충격이 네안데르탈인을 하루아침에 호모 사피엔스로 성숙시켰다는 이론이 있는가 하면, 자세히 살펴봤을 때 오늘날의 인류는 네안데르탈인과 지극히 일부만 상관이 있기 때문에 우리 조상들에 의해 아주 빠른 속도로 공동생활의 공간에서 배제되었을 것이라고 보는 학자들이 있다. 근래에는 점점 더 많은 학자들이 호모 사피엔스와 네안데르탈인의 융합이라는 두 이론을 결합시키고 있다.

비록 호모 사피엔스가 두 발로 걷는 유일한 영장류는 아닐지라도(이시기 침팬지와 두 팔 원숭이도 상황에 따라 두 발로 걸었지만, 호모 사피엔스는 습관적으로 보행을 하던 유일한 영장류다.) 그들의 직립보행 습득은 송곳니의 축소와 월등하게 증가한 뇌 용량과 함께 인류 진화의 핵심 요소이다.

호모 사피엔스를 대표하는 또 다른 인류는, 발견지인 남아프리카 지명에 따라 이름 붙여진 크로마뇽(Cro-Magnon)인이다. 이들은 사냥용 무기와 작업도구를 아주 정확하게 만들 줄 아는 대단히 숙련된 사냥꾼들이었다. 이들에 의해 인류는 역사 최초로 정착생활을 하기에 이르렀다. 호모 사피엔스의 초기 대표 종족들이 유라시아와 아프리카에 둥지를 트는 동안, 북아메리카 대륙에서는 그 뒤를 이어 닫혀 있던 베링 해협 너머로 이주가 진행되었다. 이주활동으로 인해 중앙아메리카까지 적어도 2만 3천 년 전에 도달하였으며, 남아메리카 대륙에는 대략 1만 3천 년 전에 도달하였다.

3. 세 가지 인류 집단

구석기 시대 말의 인류는 크게 세 집단으로 나뉜다. 이들은 학문연구 안에서는 역사적으로 부담스러운 개념인 '인종'으로 표현되었다. 흑인종, 백인종, 몽골 인종이다. 흑인종 군(群)은 아프리카 대륙에서 발견되었다. 백인종은 다시 셈족과 게르만족으로 나뉜다. 첫 번째 그룹은 아랍 반도에서 오리엔트 전방까지 퍼져 나갔다. 게르만족은 후기 러시아에서 생성한 것으로 추측된다. 학술적으로는 게르만족 대신 유럽인이라고 부르기도 한다.

1) 게르만족(유럽인, 코카서스 인종)

게르만족은 화석 유물로 확인하기보다는 오히려 언어로 확인하는 것이 훨씬 용이하다. 유럽의 모든 민족들은 바스크족(피레네 산중에 사는 소수민족 — 옮긴이)과 핀란드 · 헝가리 민족을 제외하면 모두 게르만어를 사용하였다. 게르만어파에는 켈트어, 독일어, 이탈리아어, 발틱어와 슬라브어가 속하였다. 소멸한 언어로는 일리리아어(현재의 달마치아와 알바니아 지방에서 쓰던 언어 — 옮긴이), 베네트어(북아드리아의 고대

청동 장신구

어—옮긴이), 트라키아어(발칸 반도 동부지방의 언어—옮긴이), 프리지아어(고대 소아시아 지역인 프리지아의 언어—옮긴이), 헤티트어(소아시아 헤티트 제국의 언어—옮긴이), 루뷔어(북시리아 아나톨리아 지방의 언어—옮긴이), 토카어(중앙아시아 유목민족인 토카인들의 언어—옮긴이)와 고대 인도어가 있다. 그와는 정반대로 그리스어, 아르메니아어, 이란어는 오늘날에도 남아 있다.

게르만족의 발생 지역을 유럽 중부와 러시아 남쪽 사이의 지역으로 추측하기는 하지만 명확히 구분된 게르만족의 중심 지방은 알려져 있지 않다. 그러므로 게르만 고대어 한 가지로 유추하는 것은 모순이다. 게르만어 각각의 언어 생성은 분리 단계가 아니라 오히려 다른 언어 요소들이 혼합된 것으로 설명할 수 있다. 게르만족들은 금, 은, 동 같은 금속을 이미 도구의 재료로 사용하였다.

2) 몽골인

반면 몽골인 집단으로는 주로 동부아시아와 중앙아시아 일부에서 몽골인, 중국인, 한국인, 일본인으로 발전하였다.

이 몽골인들 중 한 가지 특수한 예로는, BC 2만 1천 년 전 아시아와 아메리카 사이의 베링 해협(당시엔 지협)을 건너 야생동물을 쫓아 신세계로 건너간 이들이 있었다. 그들은 인디언으로 세월이 흐르면서 대륙 전체로 퍼져 나갔다. 그들의 계속된 발전은 다른 인류와는 동떨어진 상태에서 완성되었다. 멕시코 마야인들과 아즈텍인, 페루와 볼리비아의 잉카인들처럼 일부 인디언 종족들은 수준 높은 고대 문명으로 발전했다.

4. 중석기 시대

구석기 시대의 수렵꾼과 채집꾼들은 BC 약 1만 년에서 8000년경에 일어난 점진적인 기후 온난화로 인해 정착하여 실용 작물을 재배하고 가축을 사육하기 시작했다. 이로써 대규모 집단 이주가 발달할 수 있는 조건이 갖추어졌다.

중석기 시대의 시초는 BC 약 1만 년경 메소포타미아, 이집트, 남부 유럽에서였다. 중석기 시대의 마지막은 대략 BC 5000년 또는 4000년경이다. 생계의 토대는 사냥과 물고기 채집이었다. 바다가 중요한 식량의 원천으로 부각되면서 유럽에서는 주로 해안가에 정착하였다. 이 시기의 또 다른 중요한 특징은 부싯돌을 사용했다는 것과 손도끼와 십자형 손도끼 등의 기술적 혁신이다. 무기의 등장은 폭력을 쓰는 횟수가 증가했다는 것을 말해준다. 중석기 시대에 몇몇 큰 집단으로 성장하는 인류 분할 방식은 근대로 들어올 때까지 원칙적으로 유지되었다.

부싯돌

유럽 인종들은 원래 살던 온대 지역과 아열대 지역에 정주했다. 몽골 인종들은 구세계와 신세계의 북극지방과 북극에 가까운 지역을 고향으로 삼았다. 그에 반해 흑인종들은 대부분 아프리카에서 찾아볼 수 있는데 특히 사하라 사막 남쪽에 정착했다.

근대 초기에 성장한 유럽 열강들의 세력이 확장되면서 비로소 수천 년 동안 지속된 인종 구분은 변하게 되었다. 유럽의 확장은 상이한 인류 집단의 무력 충돌을 동반한 만남과 혼합으로 이어졌다.

5. 신석기 시대

BC 대략 8000년경 마지막 빙하기가 끝난 후 구석기 시대는 급속한 인구 성장과 대규모 무역관계와 결합된 토지경작과 가축사육이 발달하였다. 이를 신석기 혁명이라고 부른다. 말을 길들이면서 정착한 농부들과 가축을 치는 유목민들 사이의 태고적 갈등은 점점 더 첨예화되었다.

농업에서 수익을 올리는 방법은 기본적으로 두 가지로 구별되었다. 농작물은 지상이나 땅속에서 경작되었다. 지상 경작방식은 오리엔트 전방에서 밀, 보리, 완두콩, 올리브, 포도와 과일나무를 경작하면서 시작되었다. 시간이 흐르면서 유럽, 북아프리카가 있는 서쪽으로 퍼져 나갔고, 북인도와 중국 북부 지방인 동쪽으로도 전파되었다. 땅속 경작방식은 남동아시아 일부에서 여러 종류의 구근(球根) 식물을 경작하면서 시작되었다.

BC 8000년경	마지막 빙하기의 끝. 사하라의 고갈
BC 약 7000년	예리코(옛 팔레스타인 지방—옮긴이)에서 가장 오래된 도시와 유사한 형태의 정착지
BC 약 6000년 이후	구리, 도자기, 직물의 사용, 소와 돼지 사육
BC 5000년 이후	구리 주조와 아마(亞麻) 사용
BC 약 4000년 이후	도자기 조각, 바퀴 달린 마차, 쟁기, 당나귀

6. 초기 문명의 생성

처음에 농업은 우경재배로만 행해졌고, 자신들의 생계에 필요한 양만을 생산했다. 이런 경우를 자급자족 경제라고 부른다.

큰 강 유역인 오아시스에서 농업 경작이 이루어지면서 인공 관개를 통한 엄청난 잉여 생산으로 이어지는 새로운 시기가 도래하였다. 농경 수익 생산 형태로 가는 과도기의 초기 중심지는(지금까지의 연구결과에 따르면 비옥한 반달 지역) 메소포타미아 가장자리 지역에서 생겨났다.

정착과 농경은 새로운 생활방식의 가장 중요한 특징이다. 초기 잉여 생산물은 창고와 토기에 장기간 보관할 수 있도록 저장되었다. 이로써 밀착된 이주 집단 안에서 대규모 인간 군집 부양이 가능하게 되었다. 점점 사하라가 고갈되는데 따른 압박으로 인해 나일 강 협곡 아래에 인공 배수관을 낀 이주 집단이 생겨나게 되었다. 이주자들의 이동을 통해 농경은 소아시아와 그리스를 넘어 도나우 강 위쪽에 위치한 유럽까지 퍼져 나갔다. 이리하여 신석기 시대는 오리엔트 전방에서 처음 일어난 고대 문명의 기초가 되었다. 이 시기에 경제적으로 사용하여 획득한 잉여

고대 이집트 시대 농경

생산물을 토대로 최초의 직업층이 발달하였다.

　떠돌아다니는 상인들이 잉여 생산물을 다른 유목민들이나 가축을 사육하는 사람들에게 제공하고, 그와 동시에 새로운 정보의 교류와 의사소통의 길이 생겨난 것이다. 물론 이러한 발달은 일부 유목민족들에게서만 있는 일이었으며, 예수가 탄생할 때까지 인류의 절반은 수렵꾼과 채집꾼이었다.

1) 거석(Megalith, 巨石) 문명

　거석 문명은 신석기 시대에 스페인 · 프랑스 · 영국 · 아일랜드 · 스위스 · 이탈리아 등으로 퍼졌다. 그 시기의 돌기둥, 환상열석(環狀列石), 지금까지도 똑바로 줄지어 늘어서 있는 어마어마한 크기의 돌들이 있으며, 소위 선돌(멘히어, Menhire 프랑스어로 '긴 돌', megas는 그리스어로

'크다', lithos는 '돌'이라는 뜻—옮긴이)이라고 불린다. 그 밖에도 거석 무덤이 확인되었다.

거석 유물은 종교 예배의 목적과 천문학 계산에 사용되었으며, 탁월한 역사적 사건의 기념비라 할 수 있다. 가장 유명한 예는 말할 것도 없이 영국 남서부에 위치한 스톤헨지(Stonehenge), 즉 환상열석이다. 이는 유럽 선사 시대의 가장 중요한 유적 중 하나라 할 수 있다. 네 개의 동심(同心) 환상열석으로 이루어져 있는데, 그 맨 가장자리 원은 직경이 30미터나 된다. 이 구조물은 아마도 그 옛날 천문학적인 목적으로 사용된 듯하다. 스톤헨지 근방에서 400개 정도 되는 구릉 묘지와 흙으로 만든 보루도 발견되었다.

거석 문명의 또 다른 예는 오늘날 브르타뉴(Bretagne) 지방인 카르나

카르나크의 거석 유적

크(Karnak, Carnac)의 거석 유적이다. 3천 개에 가까운 선돌과 고인돌과 구릉이 열한 줄로 나란히 배열되어 있다. 케렐레스캉(Kerelescant), 메녹(Menoc), 케르마리오(Kermario)(모두 프랑스의 지명 — 옮긴이)의 돌로 된 가로수 길은 그 길이가 총 4킬로미터에 달한다. 그러나 대략 BC 2000년경에 생성된 켈트 지방의 컬트(Cult, 종교예배의식) 장소의 정확한 목적에 대해서는 아직도 알려진 바가 없다.

7. 청동기 시대

청동기 시대에는 가장 중요한 작업 재료였던 돌의 자리를 청동이 대신했다. 유럽에서는 청동기 시대를 시기상 BC 3000년에서 1000년으로 잡는 반면, 동아시아에서는 BC 4500년경에 청동을 이미 알고 있었다고 추측한다.

초기 청동기 시대의 고대 문명으로는 아시아 초반부에 수메르(Sumer, 메소포타미아 지방—옮긴이) 문명과 아카드(Akkad, 메소포타미아의 도시 Agade에서 발생—옮긴이) 문명이 있으며, 중기 청동기 시대에는 바빌론 문명이 있다.

후기 청동기 시대는 BC 1200년까지를 말하는데, 고대 문명의 뛰어난 예로 그리스 크레타 섬의 미노스 문명과 펠로폰네소스 북동쪽의 미케네 문명이 있다.

BC 약 1700년경부터 유럽 공간 안에서 중요한 청동 문명이 생겨나기 시작하는데, 초기에는 우선 광산 지역을 둘러싸고 발달하였다. 유틀란트(Jutland, 독일 북부, 북해와 발트 사이의 반도─옮긴이)와 잠란트(Samland, 동프로이센 지역─옮긴이)에서 발견된 호박(琥珀)으로 물물교환이 생겨났다. 청동기 시대 초반에 죽은 사람들은 대부분 굴장묘(屈葬墓)에 안장되었다. 그러다 청동기 중기에서야 죽은 사람을 화장하게 되었다.

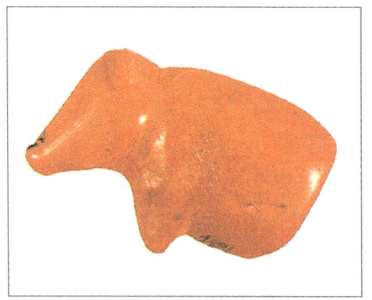

호박으로 만든 작은 곰

초기 청동기 시대의 가장 중요한 문명 중 하나는 중부 독일과 보헤미아 지방, 오스트리아 저지에서 발견할 수 있는 아운예티저(Aunjetitzer, 프라하 북쪽 보헤미아 지방 ─ 옮긴이) 문명이다. 그중 제일 잘 알려진 것이 중부 독일 군주의 묘다. 그 다음 중기 청동기 시대에 구릉 묘지 문명이 발달하는데, 이것은 상류층의 가족들로 보이는 죽은 사람 능 무덤 아래에 장신구와 무기를 함께 매장하는 방식이다.

BC 1300년경에 납골묘가 생겨났다. 죽은 사람은 화장하고, 그 재는 넓은 납골 묘지에 안치되었다. 납골묘는 중부 도나우 지방에서 남쪽으로, 도나우 강을 따라서 보헤미안 지방과 쏠란드, 프랑스 서부와 중부 이탈리아, 스페인 북쪽까지 퍼져 나갔다. 납골묘가 남쪽으로 전파되면서 미케네 문명이 중심이 되고, 후기 미노스 문명의 종말과 이집트에서의 해양 민족의 붕괴가 이루어졌다.

8. 철기 시대

이 시기에는 가장 중요한 도구 재료였던 청동의 자리를 철이 차지하였다. 유럽의 철기 시대는 잘츠카머구트(Salzkammergut, 오스트리아의 지명—옮긴이)의 지역 분묘를 따라서 할슈타트(Hallstatt) 시기라고도 부른다. 유럽에서는 철기 시대의 시작을 BC 약 700년경으로 본다. 청동에 비해 철의 결정적인 장점은 그것으로 얻어지는 금속을 쉽게 다룰수 있다는 점이다. 유럽에는 14세기에야 비로소 철을 녹이는 기술이 알려졌다. 철은 무겁고, 농업 도구로 사용된 데 비해서, 청동은 장신구나 솥, 쇠 장식의 용도로 사용되었다. 철기 시대에는 시간이 지나면서 소금 광산도 점점 중요한 의미를 띠게 되었다.

1) 선사 시대의 장례의식

그 당시의 생활상은 무덤에서 나온 유물로 추측할 수 있다. 멀리까지 확장된 무역관계를 짐작케 하며, 상당히 부유했다는 것을 알 수 있다. 묘지와 늪지에 보존된 시체는 깊이 뿌리박힌 종교적 예배의식의 산물이다. 중국에서는 이미 BC 600년경에 철이 주조되었는데 이는 유럽보다 수백 년이 앞선 것이다. 수많은 무기와 만리장성 같은 요새로 지어진 지역들은 전쟁에 의해 지배된 그 시대의 생활상을 증명하고 있다.

후기 철기 시대에는 납골묘에서 시신을 매장하는 과정이 생겨났다. 죽은 사람은 무덤 안 수레에 매장되었다. 남편이나 주인이 죽으면 여자나 하인들도 같이 죽여 시체와 함께 매장하는 이른바 순장(殉葬)이 이루어졌다. 오늘날의 시각으로 보기에는 조금 낯선 이 방식은 스키타이

(Scythai, 흑해 동부 지방의 기마 유목민족―옮긴이)인들의 영향으로 생겨난 관습이었다.

철기 시대의 정점은 스키타이와 그리스, 에트루리아(Etruria, 이탈리아 서부의 옛 지명―옮긴이)에서 영향을 받은 라 텐(La Tene) 문명이다. 그들이 도시 문명을 보헤미아와 영국령 섬나라들, 지금의 스페인과 포르투갈인 이베리아 반도로 옮겨주었다.

II

초기 고도 문명

기록된 문헌을 통해 입증이 가능한 역사다. BC 약 3100년경 이집트와 메소포타미아의 상승과 더불어 고도 문명이 시작되었다. 그 이외의 고도 문명은 BC 약 2600년경 인더스 강과 BC 1523년 이후 황허 강 유역, BC 1000년 이후 아메리카 대륙에서 형성되었다. 이집트와 메소포타미아의 고도 문명은 나중에 생성되는 고도 문명에서와 마찬가지로 고도 문명과 대제국의 결합으로 두드러진다.

메소포타미아의 황소 머리

1. 시기적 경계와 시대 구분

최초의 문자, 명확히 구분된 국가와 사회구조는 정착한 농부들과 사막, 대초원의 유목민들 사이의 대결에서 형성된 국가와 사회에 관해 문자로 기록한 역사의 기초를 형성하였다. BC 3000년 이집트인, 수메르인, 인도인들은 건축과 조각 예술 분야에서 최초의 전성기를 맞이하였다.

중국은 BC 206년 황제 시기가 시작될 때까지 2000년 동안 분열과 전쟁의 시기를 겪었다. 그럼에도 BC 1500년 이후 세계에서 유일할 정도로 예술과 수공업 분야의 문명적 성과가 절정에 달하였다.

또 다른 고도 문명으로는 BC 2500년에서 1500년경 사이에 인도의 하라파(Harappa) 문명이 있다. 이 문명은 이미 고도로 현대화된 국가의 존재를 보여주고 있으며, 그 당시 이미 카스트 제도를 통해 국민을 다양한 계층으로 구분 지으며 발달했다.

2. 메소포타미아 왕국

'강 사이의 땅' 이라는 그리스어 어원이 유프라티스 강과 티그리스 강 사이 근동에 위치한 풍경을 묘사해주고 있는데, 오늘날의 이라크와 부분적으로 터키와 시리아에 위치하고 있다. 이곳에서 인류의 문명은 그 기원을 찾을 수 있다. 일반적으로 수메르는 문명의 발상지, 아카드는 최초의 민족국가, 아시리아는 최초의 군사력으로 대표되었다고 할 수 있다.

수메르인들은 역사상 가장 오래된 민족으로, BC 4000년에 메소포타미아 남쪽으로 이주하였으며, BC 3000년에 최초의 도시국가를 세운다. 수메르인들 외에 메소포타미아에는 셈족도 정착하였다. 아카드(Akkad), 아모리트(Amorite), 아시리아는 히타이트(Hittite)와 바빌로니아(Babylon), 엘람(Elam), 메디아(Media)와 함께 이어지는 백 년 동안 메소포타미아의 패권을 놓고 겨루었다. 셈족의 중심인 아수르(Assur), 니네베(Nineveh)와 바빌론(Babylon)은 BC 1000년 중반까지 교대로 세력을 잡았다.

아시리아 제국이 멸망한 후에 고대 메소포타미아는 BC 539년에 페르시아인들의 지배에 놓이게 되며, 세계 제국에 편입되었다. 그러나 머지 않아 대부분의 영토가 그리스에 정복되고 결국엔 파르티아인(고대 이란 지방 유목민―옮긴이)들에게 넘어갔다. 예수가 태어난 후 초기 몇백 년 동안 메소포타미아는 로마의 통치하에 놓여 있다가, 7세기경에 아랍인 들에게 완전히 정복당했다.

메소포타미아의 가장 중요한 문학적 업적은 길가메시(Gilgamesh) 서 사시다. 이는 인류 최초로 기록된 문학작품이기도 하다. 점토판에 기록 된 것으로 전체 판본은 현재 영국 대영 박물관에 소장되어 있다.

! 세계사 연표

BC 4000년경	바퀴 발명
BC 3500년경	최초의 도시 건설
BC 3400년경	수메르인이 문자 발명
BC 3300년경	수메르인이 수학 발전(전개)
BC 3000년경	쐐기(설형, 楔形)문자 발전
BC 2900년경	금속무기 발달
BC 2600~1900년	수메르 도시국가의 발달
BC 1894~1550년	바빌론 첫 왕조 통치
BC 1742~1460년	고대 히타이트 왕국 통치
BC 1500년경	아시리아 제국의 부흥
BC 1400년경	측량과 동전 제조
BC 1460~1200년	히타이트 왕국 통치
BC 700년경	니네베가 메소포타미아의 수도로 지정
BC 700년경	바빌로니아인들이 점성학 기호 정의
BC 700~600년	아시리아가 바빌론을 멸망시키고 신 바빌론 제국이 세워짐
BC 540년경	메소포타미아는 페르시아 대제국의 일부가 됨

? 알고 넘어가기

유프라테스 강과 티그리스 강의 기원은 터키 영토에 있다. 이 두 강은 동아나톨리아(소아시아의 고어)와 남동아나톨리아를 가로지른 다음, 주변 강의 물을 모아 시리아와 이라크를 관통하고 마지막엔 샤트 알 아랍(Shatt al Arab) 강을 형성하였다. 그 다음 마지막으로 페르시아 만으로 흘러들어간다.

카르나크의 아문(Amun) 신전

3. 고대 이집트

'이집트는 나일 강의 선물'이라는 말이 있다. 실제로 이집트가 풍요
롭고 비옥한 것은 나일 강 덕택인데, 매년 7월에서 10월 사이 강이 쓸
어오는 비옥한 진흙으로 땅에 물을 댄다. 2000년 정도 흐르는 동안 고
대 이집트는 강대국으로서의 면모를 펼치며 왕성한 건설 활동을 해나
갔다. 그 결과 오늘날에도 보존되어 있는 기자(Giza)의 피라미드와 카
르나크(Karnak, Carnac)에 있는 웅장한 신전 건물들이 인상 깊게 자리
하고 있다.

고대 이집트는 크게 세 시기로 나뉜다. BC 2850년에서 2052년까지

의 고왕국 시대와 BC 2052년부터 1570년까지의 중왕국 시대 그리고 BC 1570년부터 715년까지의 신왕국 시대다. 신왕국의 마지막 위대한 파라오가 람세스(Ramses 3세, BC 1184~1153년)이다. 하지만 그의 후계 자들도 왕권의 점진적인 몰락을 막을 수는 없었다. 거대한 건축공사로 현저히 쇠약해진 왕국을 리비아, 아시리아와 함께—막바지에는 페르시 아까지 합세해—압박하며 붕괴시켰다. 결국 이렇게 해서 BC 30년 로 마 제국에 편입되었다.

신석기 시대에 이미 이집트 하부인 메림덴(Merimden), 파윰(Fayum), 오마리(Omari)에 사람들이 정착하였다. 타사이(Tasai)와 네가디 (Negadi)는 이집트 상부에서 여러 차례 전쟁을 치른 후 합병하게 되며, 국토의 두 부분은 하나가 되었다. 내부 평화는 국가의 교육을 동반하고, 달력과 같은 문자 발달을 가능하게 하였다. 동시에 최초의 광범위한 행 정 지도체계가 생겨났다.

1) 이집트 피라미드

이집트 왕들은 자신들을 히브리어에서 차용한 파라오(Pharaoh)라고 부르며 다양한 장소에서 통치를 하였다. 마침내 제3왕조 통치 기간 동 안 통일된 결론에 도달하였다. 파라오 조세르(Djoser, BC 2609~2590년 경)는 멤피스(Memphis)를 고정된 수도로 지정하였다. 제국은 가우 (Gau)라고 불리는 개별적 행정구역으로 나뉘며 멤피스 안에서 엄격하 게 통제되었다.

왕은 제4왕조(BC 2570년 이후부터) 시기에 신격화되고, 거대한 피라 미드로 왕의 무덤이 조성되기 시작하였다. 제5왕조(BC 2450년부터)에 태양신 숭배가 전면에 등장하고, 각각의 왕들은 그 신의 아들로 숭배되었다. 그 반동으로 평화의 신이자 사자(死者)의 지배자 오시리스(Osiris)를 섬기는 이교가 등장하였다. 그 예배의식에 따르면 왕은 죽어서도 동격의 존재로 남는다.

제6왕조(BC 2169년까지) 말에 구왕조가 무너지고 멘투호텝(Mentuhotep) 2세가 중왕국의 창시자가 되었다. 제13왕조와 14왕조 시기 동안 통일 이집트는 무력한 왕들로 인해 새로운 위기를 맞이하게 되며, 말과 전차로 유명한 아시아 정복자들의 침입을 받았다.

? 알고 넘어가기

이집트 종교의 기원은 절대적 정확성으로 규정할 수가 없는데, '헬리오폴리스(Heliopolis)의 위대한 구신계(九神系)'나 '헤르모폴리스(Hermopolis)의 위대한 팔신계(八神系)'처럼 서로 다른 제도를 그 뿌리까지 명확하게 소급할 수 없기 때문이다.

오늘날의 관점으로 이집트 신들의 세계는 이례적으로 복잡하고 혼란스러워 보인다. 초기에는 장소나 혈통을 신격화한 동물 형상이 월등히 많이 등장하며, 나중에 그 자리를 인간의 형상을 한 신들로 대신하지만 이들도 여전히 부분적으로는 동물의 머리를 지니고 있다. 이집트인들은 수없이 많은 정복활동을 통해 정복한 민족의 다양한 신을 자신들의 종교로 끌어들였다. 게다가 아시리아인들, 그리스인들, 로마인들이 이집트를 정복하면서 또 그들의 종교를 들여와 이집트 종교에 포함시켰던 것이다. 시간이 흐르면서 다양한 종교의 수많은 신들은 이집트 내에서 서로 동등하게 취급되고 용해되었다. 그리하여 각각의 신들에 여러 가지 이름이 존재하게 된 것이다.

마침내 아흐모세(Ahmose, 또는 아모시스(Amosis) 1세, BC 1579~1546년) 왕이 수많은 전쟁에서 승리한 후 자신의 왕조인 신왕국의 제18왕조를 열었다. 그 다음에 등장하는 왕조들은 이집트 안에서 권력을 잡은 페르시아인들과 또 다른 이방인 정복자들로 서로 다른 혈통이다.

알렉산더 대왕(BC 356~323년)으로 인해 마케도니아의 프톨레마이오스 왕가가 이집트 권좌에 오르고, 20세기에 자주 영화화되기도 했던 카이사르(BC 100~44년)와 클레오파트라 (BC 69~30년) 사이에 있었던 사건 이후 클레오파트라 12세가 죽은 다음 권력은 로마 제국에 이양되면서 이집트는 공식적으로 로마의 영토가 되었다. AD 395년 제국을 건설할 때 그 사이 그리스도교화 되었던 이집트는 동로마 제국에 넘어가고, 그 주도권은 7세기까지 지속되었다.

클레오파트라, 주화

4. 크레타(Creta)와 미케네(Mycenae)

BC 2200년경 트로이가 멸망하던 시기 크레타 섬의 미노스(Minos) 문명은 그 전성기를 맞이하였다. 미노스란 이름은 미로로 만들어진 궁전에 살았던 전설의 왕 미노스의 이름을 본뜬 것이다. 크레타는 이른바 미노스 시기 2기인 BC 1570~1425년, 크노소스를 중심으로 역사상 최초로 파악 가능한 해상 권력의 모습을 이루는데 성공하였다.

BC 1425년경 크레타 국민의 반란이 있던 동안 크노소스 궁전이 파괴되면서 펠로폰네소스 반도 북쪽에 위치한 미케네가 크레타로부터 선두를 빼앗았다. 그렇게 미케네로 인해 아카이아 세력이 결정적으로 섬에 들어온 것이다.

미케네 문명 혹은 후기 청동기 문명은 BC 1600년에서 1100년까지 이어졌다. 미케네 외에도 필로스, 테베, 아테네가 그리스의 가장 중요한 권력 중심지가 되었다. 크레타 섬은 본래 신석기 시대부터 사람이 살고 있었다. 그러나 실제의 미노스 문명은 BC 3000년경 중반에 생성되었다. 이 문명의 사람들은 농사, 수공업, 어업, 항해로 살아가던 민족이며, 이미 초기 미노스 시기(BC 2600년~2000년경)에 크레타에 모여 살았다.

중기 미노스 시기인 BC 2000년에서 1600년 사이에 크노소스, 파이스토스, 말리아에 가장 오래된 궁전 건축물이 생겨났다. 이 궁전들은 복층 구조물이 넓은 중앙 안뜰을 둘러싸고 있는 형태로 구성되어 있다. 이것은 사제의 역할을 하는 지배자들의 주거지일 뿐만 아니라 행정, 물물교환, 상업과 생필품의 창고 구실까지 하였다.

크레타는 강력한 함대와 에게 해(海), 이집트와의 무역, 오리엔트 전방까지 미치는 부(副)로 인해 BC 2000년의 초기 절반을 동지중해에서

크레타 섬의 크노소스 궁전

가장 중요한 문명 중심지로 성장하였다. 이 문명에서 주목할 점은 궁정생활에서 지혜로운 여자들이 사제로 높은 사회적 지위를 차지하였다는 점이다.

고고학적 유물을 보면 미노스인들이 이미 문자를 소유했다는 것을 알 수 있다. 문자의 발달은 관료적 체계를 설립할 수 있는 첫 기초를 가능하게 했다. 상형문자 외에도 두 가지의 설형(楔形)문자가 사용되었다. 둘 중 더 오래된 설형문자 A

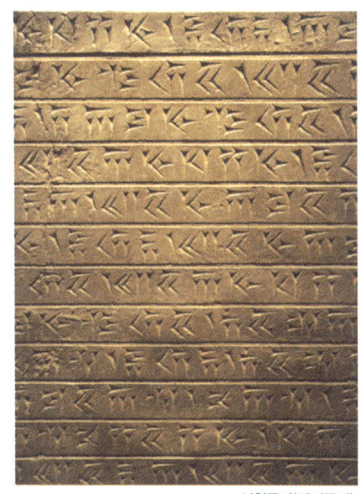

설형문자(쐐기문자)

형은 아마도 미노스인에게서 나온 것이며, BC 1750년경에 이미 널리 퍼져 있었다. 이 문자는 오늘날까지도 완전히 판독되지 않고 있다. 좀 더 최근 문자인 미케네 설형문자 B형은 미케네인들과 함께 크레타로 들어온 것으로 추측된다.

1) 미노스 문명의 몰락

미노스 문명의 몰락은 홍수와 지진, BC 1500년 혹은 1470년경에 있었던 산토리니 섬의 화산 폭발과 같은 자연 재앙으로 야기되었고, BC 1400년경 미케네 군대 지도자들이 전쟁으로 섬을 점령하면서 더 이상 피할 수 없는 것이 되었다. 자연재앙이 있은 후 크노소스 옛 중심부만이 아카이아의 지배하에 계속 존속하였다. 미노스 문명은 그 다음 시대에 미케네 문명의 본질적 특성을 점점 더 받아들이게 되었다. 그리고 이 형태로 BC 1200년경 도리아인들의 침입이 있을 때까지 계속 살아갔다.

키클라데스(Cyclades)의 성벽(벽이 너무 거대해서 붙여진 이름. 후세 그리스인들이 신화 속의 외눈박이 거인 키클로페스(키클로푸스)에서 따와 이름을 붙임. ―옮긴이)으로 둘러싸인 미케네와 티린스(Tiryns)의 어마어마한 성은 미케네 통치자들의 권력을 여실히 증명하고 있다. 크레타의 전례를 따라 내부에는 장방형의 왕궁 회랑이 프레스코화로 장식되어 있다. 죽은 사람들은 돌로 만들어진 둥근 지붕 모양의 무덤에 안치되었다. 유명한 서사시 〈일리아드〉 속에서 미케네 군주들의 권력에 대한 추억이 문학적 형태로 살아 숨 쉬고 있다.

5. 페니키아 사람들

또 다른 중요한 고대 고도 문명은 페니키아인들에 의해 생성되었다. 이들은 일련의 소수 도시국가 형태로 비옥한 시리아 해안선에 정착하였다. 페니키아라는 이름은 그리스어인 포이니케(Phoinike, 보랏빛 땅이라는 뜻)에서 유래하였다. 페니키아인들의 출신은 명확히 알려져 있지 않다. 다만 BC 3000년 말 무렵 시리아에 이주한 것으로 추측된다. 페니키아의 몇몇 도시국가들은 오랫동안 이집트의 영향 아래 놓여 있었는데, BC 1200년경 대제국의 권력을 붕괴시킨 소위 해양 국가들의 반란으로 페니키아 도시국가들이 마침내 독립할 수 있었다.

추측컨대 페니키아인들은 아프리카 대륙까지 항해하는데 성공한 최

초의 사람들일 것이다. 지정학적으로 유리한 기점에 위치한 탓에 지중
해 영역 안에서 선두적인 해상 무역 세력으로 성장하였다. 이들은 지브
롤터 해협을 행단하고, 대서양 너머로 나아갈 뿐만 아니라 시칠리아 섬
과 몰타 섬, 스페인과 북아프리카까지 대다수의 무역 거점을 일구어나
갔다.

그러나 BC 8세기 페니키아인들은 해상 주도권을 그리스인들에게 넘
겨주어야만 했다. 페니키아가 비록 페르시아 대제국에 합병되기는 하였
지만, 더 많은 페르시아 도시들이 중요한 무역 중심지로 남아 있었다.
BC 332년 알렉산더 대왕이 튀로스(Tyros) 도시를 파괴한 후에야 비로소
페니키아는 정치적으로나 상업 정책적으로 완전히 그 가치를 잃게 되었
다. 그리고 대략 300년 후, BC 64년 시리아와 함께 로마의 속주(屬州)가
되었다. 예전 페니키아의 식민지였던 카르타고만이 여전히 독립국가로
존속하지만, 카르타고도 BC 146년 로마인들에 의해 완전히 파괴되었다.

바빌론 유적지

6. 고대 중국

중국에서는 이미 BC 3000년경 양사오(仰韶) 문화라는 초기 고대 문명이 존재하였다는 것이 고고학적 발굴 자료로 증명되고 있다. 중국 전설에 따르면 중국 민족은 노란 강이란 뜻인 황허 강 유역 골짜기에서 유래하였다. 전설은 반고(盤古)라는 이름의 창조주로 거슬러 올라가는데, 그의 후계자들은 다양한 천상, 지상, 인간계의 지도자들이었다고 전한다.

실제로 베이징(北京) 근처에서 고고학적 발굴 자료인 호모 에렉투스의 유물들이 발견되었지만 지금까지 이 주장은 받아들여지지 않았다. 발견된 유물들의 추정 나이는 무려 46만 살에 달하였다.

중국 동부에서는 BC 5500년 이후부터 이미 쌀을 재배하는 법을 알고 있었으며, 500년 후에 황허 강 유역 골짜기에서 첫 농업경제 구조가 발달하였다. 또 두 가지 도자기 문화가 존재했다는 것도 추측할 수 있다. 양사오 문화는 BC 3950년에서 1700년까지 지속되었던 반면, 룽산(龍山) 문화는 BC 2000년에서 1850년 사이에 존재했다.

전해 내려오는 바에 따르면, 초기 고대 문명 하 왕조(夏王朝, BC 1995~1766년)가 중국 최초의 왕조를 형성했다고 한다. 그러나 하 왕조는 고고학적 유물로 확인되지 않는다. 명확하게 증명할 수 있는 최초의 왕조는 제11대 왕 이후인 BC 15~11세기 은(殷) 왕조라고 불리는 상(商) 왕조이다.

중국은 이때부터 원래 국가 존립의 이상이던 통일과 지배권이 정치적으로 여러 국가로 분열된 중간 시기에 끊임없이 흔들리게 되었다. 2천 자가 넘는 광범위한 문자와 고고학적 유물들은 숙련된 청동기 문명을 말해준다. 쌀 경작 외에도 비단, 도자기, 차 재배가 중국의 특산물에 속하며, 나중에 중요한 교역 품목이 되었다.

상 왕조 혹은 은 왕조 안에서 사제들은 대단한 영향력을 지니며, 세계적인 지도자로서의 역할을 하였다. 중국은 BC 3세기 폭군 정치로 이어지는 개별 국가들 사이의 격렬한 전쟁이 끝난 후, BC 210년에 반란이 일어나고, BC 206년 한(漢) 왕조가 등장하였다.

중국 도자기 화병

한 왕조가 통치하는 동안 중국은 중앙집권 관료국가로 발전하고, 유교가 공식적인 국가 이념으로 도입되었다. 유교의 창시자인 공자(孔子)는 자신의 종교적 학식을 통해 인간 의지에 예의범절과 인본주의를 호소하였다. 유교를 광범위한 국가 이념으로 발전시키기 위해 다른 철학 방향과 종교관들도 공자의 사고에 통합되었다.

1) 세계 제국으로의 상승

한무제(漢武帝) 통치 기간 중 BC 141~87년 '중앙의 제국'은 대제국이 되고 실크로드로 중앙아시아까지 무역의 꽃을 피웠다. AD 9년에서 23년 왕망(王莽) 황제 이후 공위 기간이 지난 뒤 AD 25년에 후한 왕조가 건국되었다.

그 이후 이어지는 시기에 인도의 불교가 중국에 들어왔다. AD 220년 조비(조조의 장남)가 후한의 마지막 황제에게 양위(讓位)를 강요하면서 거대한 대제국은 무너졌다. 그중 승자에 의해 위(魏)나라가 세워졌다.

그 밖에 남서쪽에서는 촉(蜀, 221~263), 남동쪽에서는 오(吳, 222~280) 왕조의 세력이 커지고, 다시 세 나라 사이에 전쟁과 분쟁이 일어나게 되었다. 265년에 사마염 장군이 위나라 왕위를 강제로 차지하고 중국 북쪽에다 서진(晉, 265~317) 왕조를 세웠다. 사마염은 280년까지 그의 지배 세력 안에서 북쪽과 남쪽을 통일시키는데 성공하였다. 290년 그가 죽은 후 제국은 여러 차례 분할되고, 몇 세대가 흐른 뒤에야 비로소 수(隋, 589~618) 나라의 통치하에 새롭게 재통일되었다.

7. 고대 인도

세계사에서 인도인들은 중국인과 더불어 오랫동안 최고로 문명이 발달된 민족이었다. 중앙집권적으로 통치되는 단일국가의 이상이 중국에서 널리 보급되는 동안, 인도는 정치적으로 간섭하는 체제가 없었다. 그 자리를 가족 제도, 촌락 제도, 카스트 제도가 대신하였다. 전체 아시아 대륙의 합일은 조직적인 국가로의 발전을 이끌지 못하는, 개별적 에피소드의 형태로만 가능했다.

고도 문명으로의 접합은 BC 2600년경 인더스 강 하부에서 페르시아 만과 이란 동쪽 산악지대를 넘어서는 무역 관계의 형태로 수메르인들과 접촉을 통해서 이루어졌다. 인더스 문명에서도 도시 문명 같은 농경문화의 요소들을 찾아볼 수 있는데, 그중 도시 다로(Daro)와 하라파(Harappa)를 발굴함으로써 정치적 중심지 역할을 한 것으로 추측된다.

초기 시대였지만 인도에서는 면직물 처리 기술이 고도로 발달해 있었다. BC 1500년경 북서쪽에서 아리아인들이 갠지스 평야로 이동해왔다. 말을 매단 전차를 가진 아리아인들은 토착민들보다 우세했고, BC 1000년에서 600년 사이인 후기 '베다(Veda)' 시기에 델리(Delhi)까지 나아갈 수 있었다.

1) 성스러운 경전 '베다'

산스크리트어로 집성된 '베다'는 인류 역사에서 가장 오래된 성전이다. 제관들이 일종의 전(前) 지식적인 지식으로 해석하였다. 베다 경전 중심에는 실물과 아주 가까운 신비스러운 존재를 향한 갈망이 담겨 있다. 동시에 카스트 제도가 형성되는데 무사, 사제, 농민 그리고 노예와 혼혈인 같은 카스트가 없는 이들로 나뉜다.

고타마 붓다(Gotama Buddha, BC 약 560~468년)는 자기완성의 여덟 가지 길을 통하여, 다시 태어나는 고통으로부터의 구원(열반)을 포고했다. 그렇게 그는 불교라는 세계 종교의 창시자가 되었다.

BC 327~325년 알렉산더 대왕(BC 356~323년)의 무적 행군으로 그리스와 인도 사이에 문화적

부처상

무굴 제국 황제 샤 자한이 아내 아르주만드 바누베감을 기리기 위해 지었다는 영묘—타지마할 궁전

교류가 시작되었다. 인도 최초의 대제국은 BC 272~231년 아소카(BC
270~232년) 통치 시기에 생성되었으나 아소카가 죽은 후 제국은 분열되
었다. 그 뒤 제국의 통일과 분열이 교대로 이어졌다. 인도 문명 초기의
특징은 전체적으로 본질적 관능과 금욕 사이의 긴장이라고 할 수 있다.
고대 인도에서는 현세의 모든 것에 대한 경멸로 인해 어떤 공식적인 역
사 서술도 존재하지 않는다.

III

고대

도리아인들의 이동으로 알려져 있는 그리스 민족의 이동에 의해 미케네인들의 패권은 막을 내리고, 그리스·로마 고전 고대가 시작되었다. BC 1000년 이후 아테네와 스파르타 같은 전형적인 도시국가가 형성되었다.

로마 건국을 묘사한 14세기 필사본

1. 시기적 분류

그리스는 그들의 고전 시대 절정까지 정치적인 통일체를 이루지 못했다. 그리하여 외국 대제국들이 직접 혹은 간접적으로 장기간의 발전을 결정하였다. 그리스인들은 페르시아에 대항할 능력이 되기는 했지만, BC 146년 로마에 의해 합병이 되면서 그리스 고전 시기는 막을 내렸다. 동시에 로마는 고도 문명으로서의 입지를 결정적으로 굳히게 된 것이다.

그리스 시인 호머(Homer, 구전에 따르면 BC 8세기)의 서사시를 고전 문학의 시초로 간주한다. 반면 그리스·로마 이교도에 대한 그리스도교의 승리, 오도아케르(Odoacer, ?434~493)의 서로마 제국의 황제 폐위, 유스티니아누스(Justinianus, 483~565) 황제에 의해 아테네에 있는 플라톤의 아카데메이아(Acadēmeia, 최초의 학원, 대학 ―옮긴이) 폐쇄는 고전 시대의 종말을 야기하게 되었다.

초기 그리스도교 사회에서 고전은 철학, 문학, 조형미술에 큰 여파를

호머

가져왔다. 고전은 동로마 제국과 비잔티움(Byzantium, 콘스탄티노플의 옛 이름, 지금의 이스탄불—옮긴이)에서 그리스도교와 함께 새로운 문화로 융합되었다.

서양에서는 게르만족 대이동과 새로운 제국의 생성을 통해 상이하면서도 뚜렷하게 그 여파를 남겼다. 이슬람 제국의 흔적들은 아시아 전방과 북아프리카, 스페인에 분명하게 남아 있다. 헬레니즘의 후계를 잇는 제국들이 합병으로 분주한 가운데, 아펜니노(Apennino, 이탈리아의 산맥으로 이탈리아 반도를 종주함.—옮긴이) 반도에서 로마는 차근차근 대제국으로 상승하고 있었다. 로마는 나중에 대외 정치적 확장과 지중해 최대 권력으로 성장하기 위해 신분투쟁에서 공화정 체제를 쟁취해냈다. 카이사르의 일인 독재와 BC 49~30년의 시민전쟁은 공화국을 멸망시키고, 아우구스투스 시대의 원수정(元首政)으로 흐르며, 로마 후기 고전의 개시를 알렸다. 로마 황제 시기는 3세기까지 찬란한 경제적·문화적 부흥을 맞게 되는데, 헬레니즘의 전형이 고착되었으며, 무엇보다 불변의 창조물인 로마법 완성을 이끌어냈다.

하지만 그 이후 내부에서 위기 현상들이 외부의 위협과 마찬가지로 점점 증가하였다. 고대 로마 덕목의 붕괴, 주권자들의 낭비벽, 국경수비를 위한 군사비 지출의 증가와 늘어나는 외국 세력은 로마 대제국의 몰락으로 이어졌다. 395년에는 방어를 위해 페르시아와 게르만족에게 각 각 제국 서쪽과 동쪽을 절반씩 떼어줄 수밖에 없었다. 특히 서로마 제국 의 황제는 게르만족들의 습격에 어떤 저항도 할 수 없게 되자 결국 476 년 게르만족 용병대장 오도아케르가 로마 마지막 황제를 폐위시키기에 이르렀다.

2. 고대 그리스

일반적으로 서양 문화의 요람으로 일컫는 그리스 역사를 연구하는데 있어서는 통일 제국의 역사가 중요한 것이 아니다. 오히려 다양한 계층 국가들 안에서 일어난 사건의 묘사와 그 구성원들이 역사적으로 중요한 의미에 도달하는데 더 중점을 둔다.

? 알고 넘어가기

고대 그리스에서는 신들의 가족을 섬기는데, 그 신들은 영원한 젊음을 유지하고 모든 인간들의 운명을 조종할 수 있는 능력을 지녔다. 각각의 신과 여신들은 분명하게 정해진 직속관할이 있었 다. 주요 신들은 다음과 같다. 신들의 제왕인 제우스, 바다의 신 포세이돈, 불과 대장간의 신 헤 파이스토스, 제우스의 아내인 헤라, 전쟁의 신 아레스, 신의 사자인 헤르메스, 지혜의 여신 아테 네, 사랑의 여신 아프로디테가 있다.
광대한 고대 오리엔트 대제국 대신 훨씬 더 작은 형태의 도시국가들이 등장하고, 이 국가들 안에 서 폴리스(Polis)의 모든 시민들은 동등한 권리를 가졌다. 폴리스 안에 사는 외국인들과 노예들은 시민전쟁에 편입되지 않았다. 경제적·정치적 독립은 폴리스에 의해 수행되는 정치의 중심 사상 이다.

BC 7000~2800년	그리스에 신석기 문명이 보급됨
BC 약 2800년 이후	헬라드 문명이 그리스 본토에 보급되고, 키클라데스(Cyclades) 문명 (선사 시대 청동기 문명의 일종 — 옮긴이)이 같은 이름을 가진 에게 해 군도(群島)에 전파됨
BC 1200년경	도리아족의 이동
BC 1100~700년	그리스의 대규모 식민지 건설
BC 1100~479년	고대 헬레니즘
BC 594년	아테네에서 솔론(Solon)에 의해 법 제정
BC 510년	아테네의 폭군 히피아스(Hippias) 추방
BC 507년경	클레이스테네스에 의한 아테네 국가 질서의 개혁
BC 490~479년	페르시아 전쟁 발발과 끝
BC 479~336년	고전 그리스 문화의 시대, 그리스 문화의 전성기
BC 500~429년경	페리클레스 시대
BC 336~323년	알렉산더 대왕의 집권 시기
BC 323년	알렉산더 대왕의 죽음, 후계자들의 다툼과 헬레니즘 시대의 도래
BC 146년	로마인들에 의한 코린트의 멸망 이후 그리스는 로마의 속국이 됨

　BC 4세기 그리스에 큰 세력이 생겨나자 폴리스 시대는 막을 내렸다. 그러나 폴리스는 제한된 자치 형태로 AD 3세기까지 존재하였다. 한편으로는 개별적인 자유를 향한 갈망과 다른 한편으로는 도시국가 속 개개인 사이의 팽팽한 긴장 상태에서 그리스 고전 시기가 끝날 때까지 정치적으로 분리된 채 유지되었다.

　소위 고전 시기라 하면 그리스 문화의 절정을 의미하였다. 소크라테스(BC 470~399년), 플라톤(BC 427~347년), 아리스토텔레스(BC 384~322년)와 같은 철학자와 학자들의 시기다. 이 시기에 펠로폰네소스 전쟁이 일어나고 BC 431년에서 404년까지 지속되었다. 세 개의 대제국 범위 안에서 그리스 문화는 주요한 역할을 하며, 자신들의 원래 영역보다 훨씬 더 멀리 퍼져 나가게 되었다.

그리스 언어와 종교, 문화는 헬레니즘 시기 알렉산더 대왕의 통치 아래 페르시아와의 전쟁에서 승리한 후 BC 333년 인도와 이집트에까지 확장된 대왕의 권력이 미치는 모든 곳으로 뻗어나갔다. 그리고 로마 통치 시기가 이어지는데, 그리스는 로마 제국의 문화적 중심지로 빠르게 발전하였다. 비잔턴 시기 그리스는 마침내 동방 정교회가 되지만 국가

플라톤과 소크라테스를 그린 세밀화

의 문화적 특징을 대부분 유지하게 되었다.

3. 페르시아 전쟁

페르시아 전쟁은 BC 500년에서 494년 사이에 일어난 이오니아 반란 중 BC 500년에 일어난 그리스의 도시 밀레트의 봉기가 원인이 되어 발발했다. 비록 아테네와 에레트리아(Eretria)가 밀레트에 동조하고 소아시아로 선박을 보내주긴 했지만 도시는 페르시아에 의해 파괴되었다.

승리한 페르시아는 그리스 전체를 예속시키는 것이 불가피하다고 여기고 그 후 기나긴 전쟁을 시작하기에 이르렀다. 페르시아는 BC 492년 트라키아를 점령하고, BC 490년 마라톤 근처에서 압도적인 승리를 거두지만 아테네인들에게 패하고 말았다.

크세르크세스의 무덤

BC 480년 페르시아 왕 크세르크세스(Xerxes, BC 486~465년 통치)는 세 번째 원정에서 아테네를 무찌르고 아티카를 점령하였다. 그러다 유명한 살라미스 전투에서 열세임에도 뛰어난 전략으로 싸운 아테네인들에게 패하였다. BC 480년 페르시아와 동맹한 카르타고의 이탈리아 남부와 시칠리아 섬에 대한 공격도 실패로 끝났다.

그러나 그 다음 해에 아티카와 아테네가 페르시아 군대에 의해 또다시 파괴되고, 페르시아 군대는 그 뒤 스파르타 정예부대의 지휘 아래 격퇴되었다. 페르시아와의 마지막 격전이 있은 후 그리스인들은 최종적으로 고지를 점령하였다. 그리스인들은 에게 해에서 적들의 함대를 쫓아내는데 성공하였던 것이다.

페리클레스(BC 500~429년)는 페르시아 제국과 싸워 이길 수 없다는 것을 알고 있었다. 마침내 BC 449년 그리스와 페르시아 간에 평화가 찾아왔다. 페리클레스는 아테네의 부자 칼리아스를 수사(Susa)에 담판하러 보내고, 끈질긴 교섭 후에 BC 448년 칼리아스의 평화협정에 이르게 되었다. 페르시아가 자국의 군함을 에게 해에서 멀리하며 소아시아의 그리스 도시들을 풀어주는 대신 그리스는 이집트와 사이프러스를 포기해야 했다.

칼리아스의 평화협정은 페르시아와 그리스의 전쟁을 임시로 매듭짓는 데 성공했다. 100여 년이 지난 후 페르시아 제국을 정복하기 위한 알렉산더 대왕의 행군으로 또다시 전쟁에 이르게 되는데 그 이전에 아테네의 주도권을 잡기 위한 스파르타와 아테네 사이의 전쟁으로 그리스의 폴리스는 붕괴하였다.

4. 펠로폰네소스(Pelopponnesos) 전쟁

아테네의 모체 도시인 코린트가 적대 관계에 있던 케르키라(Kerkira, 지금의 코르푸 섬 — 옮긴이)와의 싸움에서 아테네가 케르키라의 편을 들고, 포데이다이아에 불리하게 조처를 내리면서 메가라에 대한 무역봉쇄를 판결하여 벌어진 전쟁이다. 그리스 편은 아테네 해상 동맹국들과 테살리아, 그리스 서부 일부 도시들이고, 스파르타 쪽은 펠로폰네소스 동맹국들인데 대부분 코린트의 식민지와 같은 그리스 중부 국가들이었다. 아테네는 재정 상태와 해상 세력에서 우세했고, 스파르타는 육지에서 강했다. 그 때문에 페리클레스는 아티카 지역 주민들을 당시에는 넘을 수 없는 긴 성벽 뒤로 철수시키고 소규모 전투(BC 431~421년의 아르키다모스 전쟁)로 적들을 지치게 만들기 위하여 아티카를 적들에게 내주었다.

! 아테네 해상 동맹

제1차 아테네 해상 동맹은 델로스와 아테네 해상 동맹 혹은 델로스 동맹이라고도 칭한다. BC 478년과 477년 페르시아 전쟁 중 아테네에 의해 소아시아와 트라키아 해안 그리스 도시들과 에게 해의 섬들 사이에 맺어졌다. 스파르타가 전쟁에서 물러난 후 아테네는 페르시아에 공동으로 대항하기 위해 그리스 여러 섬에 동맹을 제안하였다. 200개가 넘는 도시와 섬이 아테네의 제안을 받아들였다. 전쟁이 끝난 후 아테네인들은 새로운 상황을 자신들에게 이롭게 이용하고 이전에 맺은 전쟁 동맹을 자신들의 주도권을 위한 도구로 점점 변형시켰다. 각 동맹국들은 수비군을 배치한 군함을 제공하거나 그에 상응하는 조세 지불을 의무화했다. 그리하여 모든 동맹국들은 아테네식 화폐를 따르고, 아테네는 동맹국들의 자치 행정에 점점 더 깊게 간섭하였다. BC 404년 스파르타와 벌인 펠로폰네소스 전쟁에서 아테네가 패배한 후 1차 아테네 해상 동맹은 해체되었다.

그동안 아테네 함대는 펠로폰네소스의 해안을 공격했다. BC 424년까지 전염병이 발병하고, BC 429년 페리클레스가 죽은 후 아테네가 현저하게 약해지기는 했지만, 적의 진을 빼는 전략을 세워 파르타를 심각한 상황으로 몰아넣었다. 그러다가 아테네는 페리클레스의 후계자들, 특히 클레온(BC 422년 사망)의 강권 정치로 실패를 자초하였다.

스파르타의 장군 브라시다스가 에게 해 북쪽 해안가 도시들을 공격하며 아테네를 압박한 후 암피폴리스에서 클레온과 함께 전사하자, 전쟁으로 피폐해진 상황은 니키아의 화평(BC 470~413년)과 화약 체결(BC 421년)을 함으로써 전쟁 전 관계로 복구되었다.

1) 전쟁의 결과

BC 413년의 분쟁으로 데켈레아와 이오니아 사이에 새로운 전쟁(BC

413~404년)이 일어났다. 이 시기 아테네는 알키비아데스(BC 450~404년)에 의해 유발된 시칠리아 원정으로 상당히 약해져 있는 상태였다. 그로 인해 해상 동맹의 쇠퇴를 막을 수 없었다.

반면 스파르타는 BC 412년 이후 페르시아와 동맹하여 연합군들로 막강한 함대를 뒤에 배치하고 있었다. 그 중간 시기에 아테네가 해상에서 승리하지만, 그것도 아테네의 패배를 더 이상 막지는 못했다. BC 405년 스파르타의 라이샌더(BC 395년 사망)는 아이고스포타미에서 아테네의 마지막 함대를 격파하고, BC 404년 아테네를 포위 공격하여 항복을 강요하였다.

❗ 펠로폰네소스 전쟁

BC 431년	전쟁 발발
BC 430년	포테이다이아의 포위 공격. 아테네인들의 도시 정복 성공
BC 429년	스파르타와 테베가 플라타이아와 아테네를 공격
BC 428년	미틸레네 전투. 아테네인들이 미틸레네인들을 격파
BC 426년	레브카스가 데모스테네스 지휘 아래 아테네에 대항하여 방어함
BC 425년	스팍테리아 해전. 아테네가 에우리메돈의 지휘 아래 스파르타를 무찌름
BC 424년	아테네인들이 타이레아 도시 점령
BC 422년	스키오네 포위 공격
BC 421년	니키아 평화협정
BC 418년	만티네이아 전투
BC 416년	아테네의 멜로스 점령
BC 415년	시라쿠사를 차지하기 위한 전투
BC 413년	시라쿠사가 니키아 지휘 아래 아테네를 무찌름
BC 412년	밀레트 해전. 펠로폰네소스인들에 대한 아테네인들의 승리
BC 411년	아비도스 전투. 펠로폰네소스인들에 대한 아테네인들의 또 다른 승리
BC 410년	키지코스 해전
BC 407년	펠로폰네소스인들이 리산드로스 지휘 아래 안티오코스가 이끈 아테네인들에게 승리
BC 406년	아르기누스 해전
BC 404년	아테네의 항복은 민주주의의 붕괴를 야기

전쟁의 결과로 아테네는 완전히 무력해지고 무적의 스파르타는 그리스에 대해 무자비한 주도권을 장악하였다. 펠로폰네소스 전쟁은 그렇게 그리스 폴리스의 붕괴를 이끌었다. 자칭 승자인 스파르타 또한 전쟁으로 인해 상당한 손실을 입은 탓에 그 이후 그리스는 페르시아, 마케도니아, 로마와 같은 외세의 영향력 아래 놓이게 되었다.

5. 알렉산더 대왕 집정기의 페르시아 전쟁

마케도니아의 필리포스 5세, 주화

알렉산더(그리스어: 알렉산드로스) 대왕과 함께 헬레니즘 시대가 열렸다. 이 시대에는 그리스 문화가 세계 전반에 전파되었으며 동양과 서양 사이에 집중적인 문화 교류를 이끌어냈다. BC 336년 필리포스 2세가 죽은 후 그의 아들 알렉산더가 왕위에 올랐다. 그는 끊임없이 이어지는 시민전쟁으로 약해진 그리스에 대한 지배권을 강화하였다. 그리하여 2년 뒤에는 페르시아에 대한 출정을 감행하게 되었다.

알렉산더는 페르시아 대제국에 대항하여 아버지 필리포스 2세가 복수를 위한 전쟁으로 계획하였던 코린트의 마케도니아 · 그리스 동맹을 지휘하였다. 안티케 안에서 페르시아의 거대한 대제국은 다민족 국가를 이루고 있었다.

1) 알렉산더 대왕의 정치 · 군사적 업적

알렉산더 대왕은 4만의 군사를 이끌고 강력한 절대 권력을 지닌 페르시아 국왕 다리우스 3세(BC 380~330년)를 탁월한 전술로 무찔렀다. 다리우스 국왕은 가우가멜라 전투에서 패배한 후 도주하는 도중 신하에 의해 살해당하였다.

알렉산더 대왕은 중요한 전투인 BC 334년 그라니코스, 333년 이소스, 331년 가우가멜라에서 테베 출신인 에파미논다스(Epaminondas, BC 410~362년)가 계발한 전술 원칙인 '사선진전법(斜線陣戰法)'을 실험하였다. 이 전술의 기본 개념은 한쪽 날개는 접어두고 대신 다른 쪽 날개로 최대한 공격하여 결전을 이끌어내는 데 있었다.(에파미논다스는 스파르타군이 오른쪽에 정예부대를 배치하는 것을 알고 아군 정예병을 왼쪽에 더 많이 배치하여 같은 정예군을 수적으로 압도하였다. 아군의 오른쪽은 그 수가 적어 좀 더 뒤쪽에 배치하였기에 전체적인 모양이 사선과 같은 형태를 띤다.— 옮긴이) 알렉산더 대왕은 이란 동부 지방을 정복하고 BC 325년 인도에서 돌아온 후 마케도니아와 페르시아의 합병을 목적으로 지속적인 화해정책을 펼쳐나갔다. 그는 이런 방식으로 헬레니즘의 기초를 다졌다.

알렉산더 대왕에 의한 페르시아 정복과 그의 뒤를 계승한 셀레우코스 왕들(BC 312~138년)에 의해 페르시아 제국의 문화생활에서 그리스의 영향은 점점 더 중요하게 되었다. BC 323년 알렉산더 대왕은 대제국을 남겨둔 채 사망했다. 그것은 바로 이집트와 그리스의 문명이 인도에까지 연결된 오리엔트 제국이다. 그의 부하 장군들은 수백 년 동안 후계자 자리를 놓고 다투게 되는데, 안티고노스(BC 382~301년)가 입소스에서 마지막 통일 국가의 대리자로서 전사하자 알렉산더의 대제국은 디아도크(Diadoch) 제국으로 쪼개진다.

그 후 이어지는 왕국들(안티고노스의 마케도니아, 셀류커스의 아시아 전방, 프톨레미의 이집트)은 전체 제국으로 결합되지 못한 채 차례차례 로마의 공격에 예속되고 만다. 그러나 헬레니즘 문화와 예술은 로마인 들에 의해 대부분 받아들여지고 비잔틴 제국의 영역 안에서도 근대까지 이어진다.

6. 로마 건국과 로마 공화국

어떤 중심도 없는 그리스 역사와는 정반대로, 임페리움 로마눔(Imperium Romanum, 로마 대제국)은 로마 건국을 시작으로 전 세계를 아우르며 영원한 권력 중심지로서의 역사가 끊임없이 진행되고 있음을 보여주고 있다. 로마 학자 바로(Varro, BC 116~27년)에 의해 BC 753년 4월 21일이 로마 건국 기념일로 정해졌다.

로마 건국 신화에 따르면 트로이에서 도망친 아이네이아스(Aeneas)가 라티움에 도착하는데, 이곳에서 그의 자손들 중 어미 늑대의 젖을 먹고 자란 로물루스(Romulus)와 레무스(Remus)가 도시를 세우게 되었다. 로물루스는 다툼 끝에 레무스를 죽이고 로마의 첫 번째 왕이 되었다.

로마 전설에 따르면 이미 그에 의해 중요한 사회 · 정치적 제도가 성립되었다고 하였다. 로마의 상위 계급은 이른바 젠테스(Gentes, 씨족사회 조직의 최소 단위 ―옮긴이)라고 불리는 귀족 혈통으로 조직되었다.

6세기 말 무렵 왕권이 씨족들에 의해 무너졌다. 로마 세습 귀족들은 왕권을 없앤 후 그들 중에서 2년 임기의 관리를 선출하는데, 소위 프레토어(Praetor, 집정관)라고 하며, 나중에 콘술(Consul)이라고 불렀다.

리비우스 티투스, 로마 건국을 묘사한 14세기 필사본

로마 공화국 안에는 파트리키(Patrici, 귀족)와 플레브스(Plebs, 평민)라는 두 가지 형태의 사회 계층이 대립하였다. 귀족은 토지를 소유한 세습귀족이며 가문의 혈통에 따라 분류되고 클리엔테스(Clientes, 반자유민적 신분)를 소유할 수 있었다. 그들은 왕의 정치·군사·법률·종교적 기능을 장악하고 있었다. 그에 반하여 평민들은(주로 농부들, 재산이 없는 일부 수공업자들) 일관된 사회 계층을 이루지 않았다.

1) 초기의 정치제도

공화국 초기에는 소수의 기관만이 존재하였다. 두 명의 고등 관리인 집정관이 있었는데 이들의 임기는 각각 1년씩이었으며 군대 지휘가 우선 과제였다. 집정관 제도로 옛 국왕이 가졌던 정치·군사적 권력은 계속되었으며, 연수 제한(1년 임기)과 최소 두 명이 같은 직책을 맡는 동업제 원칙으로 제한을 두었다.

최고 정치 기구는 원로원이었다. 원로원은 세습귀족 가문들의 수장들로 구성되었다. 국왕의 자문기관에서 집정관의 자문기관으로 발전하며,

동시에 세습귀족 내부의 동의를 구하는 가장 중요한 기구로서의 역할을
담당하고 그들의 찬성으로 평민회의 결정을 가결하기도 하였다. 계급투
쟁의 기점은 정치·사회적으로 잘 조직된 지배층과 일관된 경제적 기반
을 지니지 못한 채 지배층에 의해 소외된 평민들 간의 갈등에서 비롯되
었다.

7. 계급투쟁

❗ 로마 공화국 시기의 전쟁

BC 343~341년	삼니움(산니오, Sannio 이탈리아 중부 지방—옮긴이)족과의 전쟁
BC 326~304년	삼니움 전쟁
BC 298~290년	삼니움 전쟁
BC 282~272년	에피루스의 왕 피로스(Pyrrhos)와의 전쟁
BC 264~241년	1차 포에니 전쟁
BC 229년	1차 일리리아(Illyria) 전쟁
BC 221~197년	1차 마케도니아 전쟁
BC 219년	2차 일리리아 전쟁
BC 218~201년	2차 포에니 전쟁
BC 154~133년	스페인 전쟁
BC 149~144년	3차 포에니 전쟁
BC 148년/146년	마케도니아 전쟁, 아카이아 동맹과 전쟁
BC 112~105년	북아프리카 누미디아 왕 유구르타(Jugurtha)와 전쟁
BC 91~88년	동맹 도시 전쟁
BC 87~64년/63년	이란 파르티아 왕조 미트라다라테스(Mithradates)와 전쟁
BC 88~82년	1차 시민전쟁
BC 58~51년	갈리아 전쟁
BC 49~45년	2차 시민전쟁

로마 제국이 끊임없이 확대되면서 평민들도 병역에 동원되었다. 평민

들이 없는 동안 아무도 농업을 돌보지 않았다. 그런 상황에 대한 자명한 불만을 가진 평민들이 세 가지 기본 요구를 표현하기에 이르렀다. 그들은 원로원의 전횡(專橫)적인 직무 행위로부터 납득할 만한 보호와 세습귀족들과 시민법상·형법상 동등한 위치, 국가 행정에 참여할 수 있는 기회를 요구하였다. 그리하여 평민들은 자신들만의 평민회를 결성하고 그들이 선출한 위원들의 거부권으로 법률문제에 있어서 첫 번째 요구사항을 실천할 수 있게 되었다. BC 287년에 평민과 세습귀족 간의 계급투쟁은 조정되고, 로마의 두 계층에서 선정된 두 명의 집정관(귀족-평민)이 함께 다스리는 공화국이 탄생하게 되었다.

이로써 평민들은 계급투쟁에서 승리하였다. 집정관은 매년 새로 선출되지만 원로원과 원로원 의원은 그렇지 않아 자신들의 권력을 행사하게 되었다. 그렇게 해서 새로운 관리 귀족이 생겨났다. 세습귀족과 부유한 평민들로 이루어진 신흥 귀족계급이었다.

BC 264년에서 133년에도 로마 제국은 계속해서 확장되었다. 로마인들은 유럽과 아프리카의 다양한 지역에서 무수한 전쟁을 벌였다. 과거 평민들의 문제가 점점 더 많이 드러나며 먼 외국에서의 병역을 강요당한 농부들은 경제활동을 할 수 없게 되어 점점 곤궁에 처하게 되었다. 그 결과 자신들의 처지에 불만을 품은 하층계급이 증가하게 되었다. BC 133년 형제인 티베리우스(Tiberius, BC 162~133년)와 가이우스 그라쿠스(Gaius Gracchus, BC 153~121년)는 첫 번째 개혁을 시도하였다. 그러나 두 사람은 원로원뿐만 아니라 신흥 귀족들과 싸워야만 했고 결국 살해되었다. 이 일은 시민전쟁의 시기가 싹트는 계기가 되었고, 백 년 후 공화국의 멸망으로 치닫게 되었다.

8. 포에니(Poeni) 전쟁

BC 3세기에는 지중해 영역에서 가장 중요한 국가인 로마와 카르타고가 대치하고 있었다. BC 270년 로마가 레기온(Rhegion)을 점령하며 이탈리아에서 시칠리아 해협까지 세력을 팽창하자 시칠리아 섬 서부를 통제하고 있던 카르타고인들과 갈등을 겪게 되었다.

1차 포에니('포에니'라는 말은 라틴어로 '페니키아'를 말하는데, 카르타고가 페니키아의 식민지였기 때문에 로마인들이 그렇게 부르게 됨. 카르타고 전쟁이라고도 함.—옮긴이) 전쟁의 원인(BC 264~241년)은 메사나시 주민들의 처신이 문제였다. 마메르티니(마르스의 아들이라는 뜻)라고도 불리는 캄파니아의 용병들은 시라쿠스의 폭군 아카토클레스(Agathokles, BC 316~289년)가 죽은 후 도시를 점령하였다(BC 289년). BC 269년 이후 시라쿠사의 왕인 히에론 2세(Hieron Ⅱ, BC 306~215년)와의 전투에서 불리하게 되자, 그들 중 일부는 카르타고에 도움을 청하고 일부는 로마로 향하였다.

로마 평민회의 결정으로 집정관 클라우디우스 카우덱스(Claudius Caudex)가 중재 역할을 하고, 그는 BC 264년에 전쟁을 선포하였다. BC 260년 로마는 시칠리아 북부 해안에서 역사상 처음으로 해전에서의 승리를 축하하기에 이르렀다. 그러나 4년 뒤 아프리카의 상륙 시도는 좌초되고 말았다. 집정관 아틸리우스(Atilius)는 스파르타의 크산티포스(Xanthippos)가 이끄는 페니키아 군대에 포로로 잡히고, BC 255년 아프리카에서 철수하도록 강요받는 신세가 되었다.

그 후 시칠리아에서 일어난 전쟁은 진지전(陣地戰)의 양상을 띠었다.

BC 247년 이후로 총사령관인 하밀카르 바르카스(Hamilcar Barcas, BC ?~229/228년, 한니발의 아버지—옮긴이)는 초반에 카르타고의 근거지를 릴리바이온과 드레파논에 두는 데 성공하였다. BC 241년 초 페니키아 함대가 집정관 루타치우스(Lutatius)에 의해 침몰하자 카르타고는 평화협상을 맺을 준비를 했다. 그들은 10년 연부금(年賦金)의 형태로 3,200달란트(고대 로마 주화 단위—옮긴이)를 지불해야 할 뿐만 아니라 시칠리아와 리파리 섬에서도 철수해야 했다.

한니발

로마는 카르타고 용병들의 반란을 사르디니아 섬 합병 때처럼 이용했다. 카르타고는 BC 237년부터 스페인에서 세력을 형성하기 시작하였다. 그곳의 최고 통수

한니발의 코끼리

권은 하밀카르 바르카스에게 있었는데 나중에 그의 사위 하스드루발(Hasdrubal) 장군에게, 그리고 마침내 BC 221년 이후 한니발(Hannibal, BC 247~183년)이 차지하였다. 카르타고는 2차 포에니 전쟁(BC 218~201

년) 후 해상 주둔, 전함과 1만 달란트의 조세를 물게 되자 무역 도시를 지중해 동부로 옮겼다. 그러나 카르타고의 빠른 경제 성장으로 로마는 카르타고에 대한 새로운 두려움을 가지게 되었다. 그래서 나이 많은 마르쿠스 포르키우스 카토(Marcus Porcius Cato, BC 234~149년)는 카르타고 섬멸을 재차 주장하고 나서게 되었다.

카르타고는 누미디아의 왕 마시니사에 대항하여 방어전을 벌였다. BC 201년의 조약에 따라 로마의 허락을 얻어야만 했었기에, 결국 이는 새로운 전쟁을 벌이는데 좋은 구실이 되고 말았다. BC 149년 집정관들은 카르타고에 다시 전쟁을 선포하였다. 이렇게 하여 3차 포에니 전쟁이 일어났다. 카르타고는 3년간 로마에 대항하였다. 그러나 BC 146년 P. 코르넬리우스 스키피오 아이밀리아누스(P. Cornelius Scipio Aemilianus, BC 185~129년)가 도시를 정복하고 대지에 소금을 뿌려 폐허로 만들어 버렸다.

9. 카이사르(Caesar)와 시민전쟁의 시대

BC 133년에서 127년 로마 공화국 말기에 로마 제국의 재편성에 관한 군사상의 논쟁은, 가이우스(Gaius, BC 153~121년)와 티베리우스(Tiberius, BC 163~133년)로 불리는 이들 그라쿠스(Gracchus) 형제가 BC 123년에서 121년에 행한 개혁시도가 실패하면서 야기되었다. 재산이 없는 프롤레타리아트(Proletariat)를 경제적으로 보호해주기 위해 그들이 공동으로 추구한 목표는 귀족과 원로원의 심한 저항에 부딪쳤다.

그라쿠스 형제의 개혁 실패는 한쪽은 원로원당으로 보수적인 명망가들, 그리고 다른 한쪽은 대중들에게 인기 있는 국민당으로 민중들의 요구를 대변하고 호민관과 국민의회를 이용하여 실현하기 위해 노력하는 귀족들로 분열되어 있었기 때문이다.

BC 83년 술라(Sulla, BC 138~78년)가 전쟁에서 승리하여 로마로 개선하였을 때, 술라와 그의 정적 마리우스(BC 156~86년) 사이에 시민전쟁이 일어났는데, BC 82년에 술라가 승리하였다. 술라는 집정관에 임명되고, 모든 정치적 정적들을 제거한 후 원로원의 주도권을 회복한 자신에게 주어진 전권을 행사하였다.

1) 카이사르의 진출

계속된 발전은 카이사르가 성장할 수 있도록 앞길을 열어주었다. BC 71년 크라수스(Crassus, BC 115~53년)와 폼페이우스(Pompeius, BC 106~48년)가 스파르타쿠스의 반란을 제압했다. 또한 두 사람은 1년 뒤 콘술이 되고, 술라가 집행한 많은 조처를 복구시켰다. 원로원이 BC 63년 폼페이우스가 내린 구조조정을 속주(屬州)에서 무력화시키자, 폼페이우스는 BC 60년에 크라수스와 가이우스 줄리우스 카이사르(Gaius Julius Caesar, BC 100~44년)와 동맹하여 최초의 삼두정치를

가이우스 줄리우스 카이사르의 흉상

펼쳤다.

1년 뒤 카이사르는 콘술이 되었다. 그러고는 콘술 임기가 끝난 후 달마치아와 남부 프랑스의 태수직을 받았다. 그는 BC 58년부터 51년까지 힘든 전투를 치르면서 대부분의 갈리아 지방과 라인 강 너머(BC 55년과 53년)와 브리튼 섬(BC 55년과 54년)까지 나아갔다. 삼두정치가 해산된 뒤 폼페이우스는 카이사르에 대항하기 위해 자신에게 집정관의 전권을 넘겨주는 원로원과 연합하였다. 그에 따라 카이사르는 루비콘 강을 건너고 BC 49년 이탈리아를 습격하여 시민전쟁을 일으키게 되었다.

그는 폼페이우스를 쫓아내고 스페인을 점령한 후 에피루스에 도달하였다. BC 48년에는 파르살로스 근처에서 폼페이우스를 격파하였다. 이집트 왕위 계승 싸움에서 카이사르는 클레오파트라(Cleopatra, BC 69~30년) 여왕의 편을 들고 BC 47년 그녀에게 로마 주권 아래에 있는 나라를 넘겨주었다. BC 46년 아프리카 탑수스와 BC 45년 스페인의 문다에서 마지막 적들을 격파하였다.

마르쿠스 주니우스 브루투스의 흉상

전쟁을 치르는 동안 카이사르는 광범위한 입법 업무를 수행하기 시작했다. 그중에는 형법 개혁처럼 속국의 행정도 포함하고 있었다. 그 결과 줄리우스력(曆) 도입과 식민정책과 시민권 정책이 도입되었으며, 이것들은 서유럽의 계속되는 문화적 로마화의 초석이 되었다. BC 44

년 이후로 카이사르는 황제이자 종신 집정관이었다. BC 45년 가이우스 옥타비아누스(Gaius Octavianus, BC 63~AD 14년)를 양자로 들이는데, 그가 훗날 아우구스투스 황제가 된다. BC 44년 3월 15일(Iden, 줄리우스력에서는 특정한 달의 15일을 이덴이라고 부르고, 카이사르 사후 고유명사로 쓰였다. ─ 옮긴이)에 마르쿠스 브루투스(Marcus Brutus, BC 85~42년)와 가이우스 카시우스(Gaius Cassius, BC 42년 사망)의 주도 아래 반역의 희생이 되었다.

10. 로마 황제 시대

로마 제국은 BC 27년에서 AD 476년까지 황제들의 지배하에 놓여 있었다. 카이사르가 암살된 후 로마에서는 여러 당파가 권력 다툼을 벌였다. 한쪽에는 브루투스와 카시우스를 선두로 한 카이사르 암살자들과 원로원의 지도자들과 같은 공화당이 있고, 다른 쪽에는 콘술인 안토니우스(Antonius, BC 82~30년)와 카이사르의 기병대장인 아이밀리우스 레피두스(Aemilius Lepidus), 카이사르의 조카인 옥타비아누스가 있었다.

옥타비아누스는 카이사르에게 입양되어 후계자로 임명되었는데 안토니우스와 레피두스와 동맹하여 제2의 삼두정치 시대를 열었다. 한편 카이사르의 암살자들과 그 추종자들은 살해되었다. 삼백 명이 넘는 원로원 의원들이 죽고 난 후 로마 제국은 BC 40년에 세 개의 동맹체제로 나뉘게 되었다. 이미 첫 번째 삼두정치에서처럼 이 새로운 세 동맹도 순전히 목적을 위해 맺은 연합일 뿐이었다.

1) 아우구스투스의 원수(元首)정치

마르쿠스 안토니우스가 옥타비아누스(후에 아우구스투스 황제)의 누이이자 자신의 아내인 옥타비아(Octavia, BC 69년~AD 11년)를 내쫓으면서 삼두정치는 깨지고 새로운 시민전쟁이 일어나게 되었다. 원로원의 지지로 옥타비아누스는 BC 31년 악티온 전투에서 안토니우스와 그의 아내 클레오파트라의 군대를 격파하였다. 이 두 사람은 후에 자살하였다.

옥타비아누스는 2년 후 1인 통치자로서 로마로 되돌아왔다. 그는 돌아온 후에 지난날 원로원으로부터 받았던 자신의 모든 공식적인 권한을 자진 반납하였다. 진위가 의심스러운 권력의 반납은 카이사르의 양자를 더 강하게 만들어주었다. 그는 반대급부로서 아직 평정되지 않은 속국의 군대 최고사령권을 부여받고 같은 해 재건된 공화국의 콘술로 선출되었다. 그때까지 콘술의 임기가 1년으로 제한되었지만, 이 규칙은 새 주인에게 더 이상 효력이 미치지 못하였다. 이 시기에 아우구스투스, 즉 '존엄한 자'라는 칭호를 선사받고 BC 23년까지 해마다 콘술로 선출되었다. 그렇게 그에게는 직책 반복 금지법도 무효했다.

옥타비아 흉상, BC 1세기

그럼에도 불구하고 아우구스투스는 공화정의 헌법과 원로원을 통해 늘 자신의 권력 합법성을 인정받았다. 8년 동안 콘술 직책을 차지한 후 그는 BC 23년, 직책을 내놓고 그에 따라 원로원으로부터 계속된 전권을 약속받았다. BC 12년 레피두스가 죽은 후 그의 공식적인 직책은 호민관과 정신적 최고 사제인 폰티펙스 막시무스(Pontifex Maximus, 지금의 로마 교황의 전신, 고대 로마의 대제사장의 직책. ─옮긴이)로 이어졌다. 이와 같은 새 통치 형태를 비공식적으로 원수정치라고 표현하였는데, 아우구스투스는 자신을 프리무스 인터 파레스(Primus inter pares), 즉 '동등한 자들 중 첫째'라고 간주했다. 그는 자신의 생존권에 대해 별로 걱정하지 않았다. 왜냐하면 거의 100년 동안 계속된 시민전쟁 이후 공화당의 권력은 로마 제국 안에서 대결구도를 포기하였던 것이다. 특히 아우구스투스 통치 아래 로마는 새롭게 전성기를 맞고 있었다. 국내 정책에서 보수를 받는 관료들이 행정을 돌보도록 아우구스투스가 관료정치를 실시하는 동안, 로마 제국은 북쪽과 남쪽으로 확장해나갔다. 그는 엄청난 세금수입을 마음대로 처리할 수 있었다. 그 덕택에 로마에서 생계확보의 문제점을 곡식 기부로 해결하였다. 이런 방식과 마찬가지로 그는 전차경기, 검투사 시합, 연극 등을 통해 빵과 유희를 제공함으로써 국민들의 정서를 손에 쥐게 되었다.

11. 로마 제국의 몰락

줄리우스 클라우디우스 왕조에서는 BC 14년에 황제 티베리우스(Tiberius, BC 42년~AD 37년)가 장인이자 양부인 아우구스투스의 뒤를 계승하였다. 그는 자신에게 충성하는 집정관 근위대만을 무장한 군대로

네로, 대리석 조각

허가하였다. 전설적인 칼리굴라(Caligula, 12~41년)가 41년에서 37년까지 통치하고, 그 뒤를 클라우디우스 1세(BC 10년~AD 54년)가 계승하였다. 클라우디우스 1세는 54년까지 수많은 행정 개혁을 실시하고 브리튼 섬을 정복하였다.

68년에 클라우디우스 1세의 양자인 네로(Nero, 37~68년)가 자살하였다. 네로는 잘 알려진 바와 같이 로마에 대화재가 일어났을 때 결정적인 역할을 하였다. 하지만 네로는 그 책임으로 그리스도교인들을 비난했고, 그 사건은 최초의 그리스도교인 박해로 이르게 되었다. 그와 함께 줄리우스 클라우디우스 왕조는 끝이 났다.

그 다음 후계자는 세르비우스 술피시우스 갈바(Servius Sulpicius Galba, BC 3년~AD 69년)였다. 하지만 그는 집정관 근위대의 지지를 얻지 못했고, 69년 1월 15일 살해되었다. 그러자 네로의 친구인 마르쿠스 살비우스 오토(Marcus Salvius Otho, 32~69년)가 자신에게 기회가 왔다고 여기며 3개월 동안 황제가 되었다. 그러나 자신의 직접적인 경쟁자 아우루스 비텔리우스(Aulus Vitellius, 15~69년)가 그의 군대를 굴복시키자 도망쳐서 자살하였다. 그 후 비텔리우스가 8개월 동안 황제가 되었다. 플라비우스 왕조는 새로운 황제 베스파시아누스(Vespasianus,

9~79년)의 통치 아래 비교적 안정된 통치 기간이었다.

베스파시아누스와 그의 뒤를 계승하는 아들 티투스(Titus, 39~81년)와 도미티아누스(Domitianus, 51~96년)는 단순한 통치 형태로 되돌아가서, 원로원에 다시 더 많은 권력을 나누어 주었다. 티투스가 통치하는 동안 베수비오 화산이 폭발하고 폼페이가 멸망하였다. 도미티아누스의 통치 시기에는 로마의 예술과 문학이 새로운 전성기를 맞이하였다.

그 다음 소위 5현제(賢帝) 시대가 이어진다. 그중 마지막 황제는 마르쿠스 아우렐리우스(Marcus Aurelius, 121~180년)이며, 그는 그의 아들 루시우스 아우렐리우스 코모두스(Lucius Aurelius Commodus, 161~193년)를 후계자로 정했다. 이 폭군이 193년 이상한 죽음을 맞이하기 전까지 로마는 23년 동안 잔혹한 시기를 겪었다.

1) 제국의 붕괴

한때 찬란하고 강력했던 로마 대제국이 몰락하기 시작하였다. 다음 85년 동안은 총 18명의 황제가 다스렸지만 대부분 삶을 강제로 끝맺었다.

디오클레티아누스(Diocletianus, 245~313년) 통치 시절인 284년에는 사회 · 경제 · 정치적으로 과감한 개혁을 실시하였다. 제국 전체를 통일된 행정으로 통치하기 위해서 통치권과 왕위 계승 조직을 사두정치, 즉 4명의 황제가 다스리게 되었다. 그러나 306년에 콘스탄티누스(Constantinus, 280~337년) 대제가 공동 황제들을 폐위시켜 사두정치는 폐지되었다.

324년 동로마 제국 황제 리키니아누스(Licinianus, ?~325년)에게 승리하게 된 후 콘스탄티누스는 로마 세계에 걸쳐 1인 지배자가 되었다.

337년 그가 죽으면서 또다시 새로운 불안이 야기되고, 아르카디우스 (Arcadius, ?377~408년 통치) 황제와 호노리우스(Honorius, 384~423 년) 황제의 통치로 동제국과 서제국으로 분할되었다. 그 이후 세계 제국 은 점점 더 약해지고 자주 정복당하게 되었다. 476년에 로물루스 아우 구스툴루스(Romulus Augustulus, 460~511년)가 서로마 제국의 마지막 황제로 폐위되었다.

그에 반해 비잔틴 제국이기도 한 동로마 제국은 1453년까지 존속하 였다. 로마는 뛰어난 문화를 바탕으로 내부·외부적 위협에 투쟁하며 제국의 통일을 지킬 수가 있었다. 그러나 375년 민족 대이동을 시작으 로 내부적 갈등까지 더해졌으며, 국력이 약해지고, 로마 대제국의 압력 또한 점점 더 커졌다. 훈족과 동게르만족이 서쪽으로 진격해와 476년에 마침내 서로마 제국은 몰락하고 말았다.

❗ 로마 황제 왕조

BC 27년~AD 68년	줄리우스 클라우디우스 왕조
69년	시민전쟁
69~96년	플라비우스 왕조
96~192년	양자인 안토니우스 황제 왕조
193년	시민전쟁
193~235년	세베루스 왕조
235~284년	군인 황제들
284~312년	사두정치
306~364년	콘스탄티누스 왕조
364~392년	발렌티니아누스 왕조
379~455년	테오도시아누스 왕조
455~476년	서로마 제국의 마지막 황제

12. 초기 그리스도교

그리스도교는 로마 대제국의 몰락과 함께 세계 종교로 부상하게 되었다. 또한 유럽 중세 사회구조의 가장 중요한 토대를 마련하게 되었다. 그리스도교는 유대교가 위기 상황에 처했을 때 분리되어 생겨났다. BC 568년에서 538년 바빌론에서의 구류로 국가의 독립을 잃게 되자 메시아(구세주) 출현에 대한 기대가 싹트게 되었다.

메시아는 다윗 왕의 후손으로 유대인들을 로마의 외세 통치에서 풀어줄 것이며, 다윗 왕의 대제국을 재건할 것이라고 믿었다. 그러나 예수(Jesus Christ., BC 6년~AD 33년)가 자신에게 투영된 메시아 출현을 채워주지 못하고 정치적으로 실패하며 십자가에 못 박히게 되자, 그를 따르는 이들은 예수를 신의 아들로 끌어올리고 새로운 종교의 창시자로 만들었다. 그러나 예루살렘의 원시 교구는 여전히 유대인들이었다. 초기 그리스도교인들은 사도 바울 아래에서야 유대교에서 완전히 분리되어 나오게 되었다.

1) '지하'에서 국교로

BC 381년 테오도시우스(Theodo-sius, ?346~395년) 대제 통치 아래 공식적인 국교로 되는 과정에서 피비린내나는 무수한 그리스도교 박해가 시작되었다. 그리스도교인들은 대개 정치적 음모의 반가운 희생양이었다. 그 대표적인

테오도시우스 1세의 측면이 새겨진 금화

예로 네로 황제 통치 기간인 64년에 로마 황제들을 신으로 숭상하며 갈등을 빚은 일이 있었다.

로마 콘스탄티누스 황제 아래 313년 모든 백성들은 동등한 종교의 자유를 가진다고 밀라노 관용 칙령이 정해졌다. 더 이상 박해받지 않아도 되는 그리스도교인들은 콘스탄티누스 황제를 적극 지지하였고, 그는 로마 제국 안에서 자신의 권력을 더 확대할 수 있었다. 황제는 일요일을 보편적인 휴일로 정하고, 자신도 임종 시 세례를 받아들였다. 그의 후계자인 테오도시우스는 381년 그리스도교를 공식 국교로 선포하였다.

❗ 초기 그리스도교

33년경	예루살렘에서 예수 처형
45~58년	바울의 포교 여행
64년	로마에서 베드로와 바울 처형
249~251년	데시우스 황제 아래 그리스도교인 박해
303~311년	디오클레티아누스 아래 그리스도교인 박해
313년	밀라노 관용 칙령
325년	니케아 공의회
381년	그리스도교 공식 국교

12. 민족 대이동의 시기

훈족의 유럽 침입으로 370년 이후 광범위한 민족 이동이 시작되었다. 역사 연구에서는 18세기 이후가 되어서야 비로소 민족 이동이라고 표현되었다. 훈족이 375년 지금의 우크라이나 지방인 고트 제국을 멸망시키자, 고트족 대부분은 도나우 강을 건너 로마 영역으로 도망갔다. 그 후

발렌스(Valens, 328~378년) 황제 시절 지금의 불가리아에 있는 모이시아에 정착하였다. 고트족들의 봉기로 인해 378년 아드리아노플 근처 전투에서 황제는 죽음을 맞이하였다. 382년 테오도시우스 대제 통치하에 고트족과의 평화협정이 맺어졌다. 395년 왕위에 오른 알라리크(Alaric, 370~410년) 아래 401년 '서고트'라고 불리는 고트족들이 이탈리아를 침공하고 410년 도시 로마를 약탈하였다. 곧 알라리크가 죽고 서고트족들은 남부 갈리아 지방으로 이동하였다. 그곳에서 그들은 로마의 동맹국으로서 수도를 톨로사(지금의 툴루즈)로 정하고 제국을 건설하며 차츰 스페인까지 영토를 넓혀갔다. 하지만 711년 아랍인들의 습격으로 패배하였다.

서고트족들이 이탈리아를 침략하면서 야기된 라인 강 경계는 수에비족, 반달족, 부르군트족, 알란족이 서쪽으로 이동하는데 유리하게 작용하였다. 이들은 406년 이후에는 갈리아 지방에서 퍼져 나갔고, 409년 이후에는 대다수 이베리아 반도로 향하였다. 부르군트족은 413년 로마와의 동맹 협약에서 보름스(Worms) 주변 지역을 약속받았다. 그들은 훈족에게 대패한 후 사파우디아(Sapaudia, 지금의 사보이 지방)로 내려갔다. 서고트족의 수에비족이 북서 스페인을 압박하고 585년경까지 그곳에서 독자적인 제국을 차지했던 반면, 반달족과 알란족은 게이세리쿠스(Geisericus, 390~477년) 지배하에 북아프리카로 넘어가서 439년 카르타고가 몰락할 때까지 점령하였다.

로마는 455년에 게이세리쿠스의 군대에 의해 공격당하였다. 반달(Vandal) 제국은 내부적 문제와 유스티니아누스 대제가 이끄는 동로마제국의 우세함에 직면하였다. 갈리메르(Galimer, 530~534년 통치) 왕이 비잔틴 제국의 장군 벨리사리우스(Belisarius, 505~565년)에게 패배한 후 최종적으로 멸망하게 되었다.

1) 서로마 제국의 최후

훈족에 의한 무수히 많은 게르만 민족들의 패배는 아이티우스(Aetius, 390~454년) 지휘 아래 로마 · 게르만 군대가 451년 카탈라우니아 평원에서 훈족 왕 아틸라(Attila, 434년부터 통치)를 죽이면서 끝을 맺었다. 그러나 서로마 제국의 몰락은 그것으로도 더 이상 막을 수가 없었다.

오도아케르(Odoacer, ?434~493년)는 다수가 로마 군인으로 배치된 게르만 군대에 의해 476년 왕으로 추대된 후 무력한 서로마 제국의 황제 자리를 없애 버렸다. 그는 493년 자신의 수도 라벤나에서 동고트족 테오도리크(Theodoric, 451~526년)에 의해 살해되었다. 동고트족의 지배는 비잔틴의 지휘관 나르세스(Narses, 480~574년)가 이탈리아를 점령하면서 끝이 났다. 몇 년 뒤 랑고바르드족이 북이탈리아를 침략하고 파비아를 중심으로 제국을 설립하지만, 774년 카를(Karl, 747~814년) 대제에 의해 섬멸되었다. 그리하여 민족 대이동으로 새로 생성된 국가들의 조직구조는 오래 존속되지 못하였다. 오직 영국과 프랑스만이 오늘날까지 존재하고 있다.

❓ 대이동에 참여한 민족들

서게르만 : 알레마니아족, 수에비족, 랑고바르드족, 프랑켄족, 쿠아드족
동게르만 : 서고트족, 동고트족, 반달족, 부르군족, 헤룰족
게르만족 외의 민족 : 훈족, 알란족, 아와르족, 슬라브족

IV

중세

중세는 유럽 역사에서 고대와 근대 사이의 시기를 말하였다. 중세의 시작과 끝은 전통적으로 두 가지 혹은 세 가지 변혁으로 경계를 삼고 있다. 한쪽은 476년 서로마 제국의 몰락 혹은 568년 이탈리아에 랑고바르드 제국 설립으로, 다른 쪽은 1492년 신대륙 발견과 정복으로 구분된다. 시기적으로 정확한 중세의 구분에 대해서는 학계에서 논쟁의 여지를 가지고 있다.

클로드비히 1세의 세례식

1. 시기적 분류

좀 더 자세히 고찰하면 정치적 변화뿐만 아니라 사회 · 문화 · 철학 · 인종적 변화과정을 합당한 형태로 참작하며 경계선을 분명히 긋는다는 것은 어려워 보인다. 그 모든 것을 넘어 유럽 외적인 발전까지 고려해야 할 경우, 중세의 시기적 위치는 근거가 빈약하다. 어떠한 경우에도 분명한 것은 현대의 중세 연구에서 '합리적인 계몽주의'가 '암흑의 중세'에 내린 판결로부터 제자리를 찾았고, 그 다양한 모습을 밝혀냈다는 점이다. 그리하여 중세는 폐쇄된 시대로 고찰되는 것이 아니라 초기 중세, 전성기 중세, 후기 중세로 세분화된다.

1) 중세 초기

초기 중세 시대에는 로마 대제국, 즉 유럽과 지중해 영역이 게르만족의 대이동과 375년 훈족의 침입으로 인해 외부로부터 해체되고 토대가 심하게 흔들리게 되었다. 568년경 랑고바르드족이 이탈리아에 나라를 세우면서 로마 행정 구조를 게르만식으로 바꾼 다음부터는 더 이상 고대 조직에 대해서 말할 수 없게 되었다.

다만 게르만족은 고대 문명과 조직을 완전히 파괴하지 않고, 남은 부분들을 자신의 문화에 부분적으로 수용하였다. 로마 제국의 멸망으로 소규모 통치 단위가 생겨나고, 상위 통치권과 대대로 내려온 국가 행정 구조는 무너졌다. 국가에 대한 처분 권능(權能)이 통치의 기본이 되고, 토지소유를 통해 합법적으로 인정받은 귀족 계급이 국가를 통치하였다. 혈연관계로 맺은 동맹은 장원(莊園) 영주와 영지 소유권의 관계로 점차 확대되고, 소위 꼭대기에 왕이 있는 인적 통합국가 안에서 집중되었다.

교황 레오 3세가 카를 대제에게 왕위 수여

카를 대제가 800년 성탄절 전야에 교황 레오 3세(795년 이후 교황 재위)에 의해 최초의 프랑켄 국왕으로 황제에 오르자, 왕권의 가치가 재평가되었다. 동시에 로마 교황청은 비잔틴 제국으로부터 멀어지고 그로 인해 동양에 뿌리박힌 비잔틴으로부터 서양의 분리를 이끌어냈다.

2) 중세 전성기

10세기 독일 제국이 생성되면서 중세 전성기가 시작되었다. 걷잡을 수 없는 인구 성장은 새로운 생산 방식을 요구했다. 향상된 생산성은 수공업과 무역에 있어 지대한 부흥을 가져다주고 도시의 기능은 중요하게 되었다. 세속과 정신세계 권력 사이의 관계는 11세기 개혁 교황들 이후 새로운 초석을 마련하게 되었다. 교회는 명확한 위계질서를 갖추었고, 그 우두머리인 교황은 가장 발달된 통치와 행정구조로 더 이상 논란의 여지가 없었다.

교황청은 이탈리아의 광대한 토지를 소유하고 있을 뿐 아니라 속세와 정신적 통치권 사이의 전통적인 동등한 권리에 대해 근본적인 형태로 이의를 제기하였다. 개혁된 교황청은 클뤼니 수도원 개혁운동에 영향을 받아 국가로부터 교회의 완전한 자유를 요구하였다. 교황은 모든 생명체, 황제까지도 그에 예속되었다고 보는, 지상신의 대리자로 선포되었다. 또 교황청은 실질적인 복종을 요구함으로써 중세 전성기를 규정하는 종교적 질서를 위한 기초를 다지는 동시에 정치·사회적 생활을 형성하는데 권위 있는 공동결정에 대한 권리를 주장하였다. 극단으로 치닫는 그레고리우스 7세(1020~1085년경)와 자신에게 주어진 권리를 고집하던 하인리히 4세(1050~1106년)는 성직 서임권 다툼까지 벌이게 되는데 1077년 하인리히 4세의 '카노사의 굴욕'이 있은 후 적어도 개념상으로는 교황청이 승리하였다.

그와 같은 시기에 서양 전반에 걸쳐 클뤼니 수도원과 베네딕트 교파의 다른 수도원들이 개혁을 실행하였다. 문화 영역에서도 어디서나 인지할 수 있는 개선 분위기를 감지할 수 있었다. 새로운 교육기관과 최초의 대학이 설립되었다. 교회와 시민권리가 체계화되고, 학문은 새로운 이의제기와 방식으로 도약을 경험하였다. 문학에서 순수한 신학적 의문에 대한 제한이 폐지되었다. 건축에서는 낭만주의가 정점을 맞이하고, 다음 세기의 고딕 양식이 이미 그 도래를 예견하였다.

전체적으로 유럽은 새로운 단위로 함께 성장하였다. 국가를 넘어 행해지는 무역, 특히 이탈리아 상인들과 모든 것에서 뛰어난 기관으로 성장한 교회의 일치된 세력에 힘입어 경제적 성장을 이루었다. 교회는 이슬람의 손아귀에서 성스러운 그리스도교 도시들을 구원하려는 십자군 원정을 위하여 유럽 모든 계층의 사람들을 움직이게 하는 위력을 보여 주었다.

3) 중세 후기

12세기에서 13세기로 넘어가는 때가 중세 전성기에서 후기로 전환되는 시기이다. 이 시기에서 중요한 사건은 1187년 예루살렘 함락 사건이며, 1202년 4차 십자군 원정에서 십자군 원정의 원래 사상이 순수한 정복 정책으로 축소된 것이다.

또 다른 중요한 노선변경은 프랑스에서 일어나는데, 프랑스는 왕정의 세습을 관철하였다. 이 결정은 영국과의 백년전쟁(1339~1453년)과 같은 반동에도 불구하고, 결국에는 영국 국가의 발전으로 이어졌다. 독일에서는 그와 정반대로 국왕 선출 방식이 슈타우펜 왕가 마지막 황제인 프리드리히 2세(1194~1250년)의 죽음 이후로 점점 더 쇠약해져갔다. 그런 상황 때문에 독일에서는 1806년까지 통일되었다거나 간섭을 받는 통치나 행정구조가 생겨날 수 없었다. 제국의 권리는 도시와 영주들에게 넘어갔다.

중세 말기에 그리스도교인 서양은 이슬람으로 인해 새로운 위협에 직면하게 되었다. 이미 암젤펠트 전투(1389년) 이후 터키 술탄들은 발칸반도를 지배하고 1529년 비엔나를 포위하였다. 오스트리아는 마지막 순간에 동양의 위협으로부터 서양을 지키는데 성공하고 그 이후 유럽 강국으로 성장하게 되었다.

2. 프랑켄 제국

서로마 제국의 멸망과 남쪽으로의 무수한 민족 대이동으로 중부 유럽 프랑켄 제국에 권력의 공백이 일어났다. 491년에서 751년까지 프랑켄 제국은 메로빙거 왕가가 통치하였는데, 이는 프랑켄족 영주 메로비스의 이름에서 유래하였다. 그의 아들 힐데리히 1세(466~511년)의 아들인 클로비히 1세에 이르러서야 다른 프랑켄족 소영주들을 예속시키는데 성공하였다. 파리를 새로운 중심지로 삼은 왕국은 511년 클로드비히가 죽은 후 네 아들들에게 분배되었다. 그중 클로타르 1세(500~560년)가 558년 왕국을 재통일하여 통치권을 확보하였다. 클로타르 1세에 이어 아들 클로타르 2세(584~629년)가 즉위하고, 다시 그의 아들 다고베르트 1세가 629년에서 639년까지 강력한 메로빙거 시대의 마지막 왕으로 통치하였다.

다고베르트 1세의 섭정 후 왕국은 몇 개로 분할되었다. 왕들이 서로 권력 다툼에 얽히게 되자 그들의 권력은 귀족들, 특히 왕가의 내무를 담

클로드비히 1세의 세례식(15세기 세밀화)

당하는 궁재(宮帝)들에게로 넘어갔다. 639년 이후부터는 이 궁재들이 사실상 집권층으로 부상했고, 그 결과 751년 궁재인 소(小) 피핀(Pippin, 714~768년, 키가 작아서 소 피핀, 혹은 단구왕(短軀王) 피핀으로 부름.―옮긴이)이 메로빙거 국왕 힐데리히 3세를 폐위하고 직접 왕위에 올랐다. 메로빙거 왕가의 통치는 그로써 끝이 났다. 후세에서는 황제 카를 대제의 영광과 연관 지어 피핀의 가문까지 소급해 카롤링거 왕조라고 부른다.

소 피핀이 751년 힐데리히 3세를 폐위하였을 때, 그는 왕위에 대한 세습 권력을 소유하지는 못한 상태였다. 카롤링거 가문도 조작된 혈통과 피핀이 왕위에 오를 때 국민 대다수의 찬성과 교황의 축복을 무기로 상속 권리를 유효하게 하기 위한 시도를 했다. 이로써 통치권을 합법화하기 위한 새로운 방법이 탄생한 셈이었다. 국왕에게는 세습에 의한 후계자 증명이 필요한 게 아니라 신의 은총이 필요하게 되었다. 신을 통한 통치자 임명은 새로운 통치권의 정통성으로 이용되었다. 교황의 후원에 대한 보답으로 피핀은 754년과 756년 교황의 지시를 받아 알프스를 넘어 랑고바르드족을 물리쳤다. 피핀의 두 아들, 카를만(Karlmann, 751~771년)과 카를은 제국을 절반씩 상속받았다. 두 형제의 관계가 썩 좋은 것은 아니었지만, 카를만이 771년 갑자기 죽었기 때문에 더 이상의 무력 다툼은 일어나지 않았다.

1) 카를 대제의 왕국

카를 대제는 프랑켄 왕국의 통치권을
혼자 가지게 되고 그 뒤로 왕국을 눈에 띄
게 확장하여 마침내 오늘날의 프랑스 ·
독일 · 오스트리아 · 스위스 · 네덜란드 ·
북이탈리아를 통일하였다. 카를 대제는
정복한 영토의 정치와 사법권과 문화를
그리스도교와 다른 게르만 전통과 융합
했다. 이런 방법으로 카를 대제는 유럽 연
대의 기초를 다졌다. 800년 카를 대제의
황제 즉위로 임페리움 로마눔은 프랑켄
제국으로 위탁되었다. 황제가 로마 그리
스도교의 보호자가 된 것이다. 이로써 서
양은 정신적 · 세속적 수장을 동시에 지
니게 되었다. 게다가 모든 권한을 동원하
게 될 교황권과 황제권 사이의 권력 다툼
의 기본이 되었다.

카를 대제 동상(독일 프랑크프루트 뢰머 광장)

카를 대제의 뒤를 이은 루드비히 1세(778~840년)가 죽은 후 그의 세
아들은 황제 자리를 놓고 다투다가 843년 베르됭(Verdun) 조약을 맺고
프랑켄 제국을 나누어 가졌다. 카롤링거 제국의 권력은 그로써 무너졌
고, 세 개로 나누어진 제국은 150년이 흐르는 동안 다른 통치자들이 권

력을 잡았다. 가장 오래 지탱한 카롤링거 왕조는 후기 프랑스에서 987년 카페팅거 왕조가 등장할 때까지 이어진다.

❗ 카를 대제의 삶

742년/747년	4월 2일 아헨에서 출생. 출생년도에 따라 사생아이거나 적출자
768년	피핀 사후 카를은 북쪽을, 동생 카를만은 남쪽을 상속받음
771년	12월 4일 카를만이 사무시(Samoussy)에서 병으로 죽음. 논의할 여지없이 카를이 프랑켄 제국의 통치자가 됨
771년/772년	프랑켄족 귀족의 딸 힐데가르드와 결혼
772년	30년 이상 지속된 작센 전쟁 시작
774년	4월 3일 프랑켄 제국 통치자로서 로마로 순례 방문, 프랑켄과 랑고바르드 왕이 됨
777년	자신의 이름을 딴 파더본 근처의 카를스부르크(Karlsburg)에서 최초의 군대 회의를 소집. 수많은 작센 가문이 항복하거나 적어도 세례를 받음
778년	카를 대제의 군대가 스페인을 침략, 팜플로니아를 정복하지만 사라고사에서 실패
781년	4월 14일 교황은 카를의 넷째 아들 카를만을 피핀으로 세례. 큰아들 피핀은 상속 순위에서 제외됨
781년	4월 16일 카를의 아들 피핀과 루드비히가 이탈리아와 아키타니아(Aquitania) 공국(현재 프랑스 남서부 지방, 아키텐 분지—옮긴이)의 왕이 됨
800년	12월 25일 로마 베드로 성당에서 레오 교황에 의해 황제 즉위
804년	마지막 작센 대봉기 진압
811년	카를의 큰아들 곱사등이 피핀과 이름이 같은 카를의 넷째 아들(이탈리아의 영주)이 같은 해 사망
813년	아헨 대성당에서 루드비히가 직접 카를의 공동 황제에 오름
814년	1월 28일 카를 대제 아헨에서 사망

❗ 프랑켄 제국의 발전

481년	힐데리히 1세 사망
493년	클로드비히 1세 그리스도교로 개종
517년	프랑켄 제국 로마식 법을 따름
638년	다고베르트 1세 사망
687년	대(大) 피핀이 프랑켄 제국 전체 궁재(宮帝) 자리에 오름
742년	카를 대제 출생

751년	메로빙거 국왕 힐데리히 3세가 소 피핀에 의해 폐위
768년	소 피핀 사망. 카를과 동생 카를만이 왕국 분할
771년	카를만 사망. 카를 대제 프랑켄 제국 1인 통치
814년	카를 대제 사망. 후계자로 아들인 경건(敬虔)왕 루드비히 1세 즉위
840년	경건왕 루드비히 사망. 아들 로타르 1세 계승
841년	카를 2세인 칼레(Kahler)가 의부형제 루드비히와 함께 로타르 1세에게 승리
843년	프랑켄 제국은 중, 동, 서부 제국으로 분할

3. 독일 제국의 생성

카를 대제가 이룩한 대제국은 그의 후계자인 루드비히 때 이미 몰락의 조짐을 보였다. 왕가의 다툼 이후 베르됭 조약, 메르센 조약, 리베몽 조약에 의해 통치권이 분할되었다. 9세기에서 10세기 중반까지 또 한번의 침략 물결이 제국을 위협하자 마침내 제국은 무너지고 개별 국가는 각자의 길을 가게 되었다.

백 년도 되지 않아 카롤링거 대제국으로부터 동프랑크 제국, 서프랑크 제국, 부르군트 제국, 프로방스 왕국, 이탈리아 왕국이 생겨나게 되었다. 카를 대제 후계자들이 국가의 경계를 수호하는 일에 무능력했기 때문에 이 과제를 떠맡은 지역 세력들이 무수히 등장하였다. 작센과 바이에른에서는 마르크그라펜(Markgrafen, 변경백(邊境伯)이라는 일종의 백작 칭호.—옮긴이)들이 국경수비를 맡고 이런 방식으로 공국의 위치를 획득하였다.

독일 역사 초기에는 바이에른, 작센, 슈바벤, 프랑켄, 로트링겐의 다섯 혈족 공국이 자율적으로 통치를 하였다. 그러나 이들만으로 강력한 중앙정부로 성숙하는 것은 불가능했다. 공작들의 권력을 무너뜨리려던 콘라드 1세(918년 사망)의 시도는 실패했다.

반면 하인리히 1세(875~936년)는 공작들의 권력을 인정함으로써 그들의 지지를 얻었다. 그는 자신을 '동등한 자들 중의 최고'로 여기며, 왕으로서의 인정과 충성 서약을 요구했다. 게다가 하인리히는 대외적으로 성공을 거두었다. 로트링겐을 다시 회복하고, 엘베 강 유역의 슬라브 족들이 항복을 해왔고, 카롤링거 제국의 경계를 아이더 강과 슐라이 사이로 재배치하였다. 그리하여 독일 혈족 공국의 형성은 전체적으로 점진적인 발전을 보이지만, 카를 3세(876~887년) 지배하에 시작되어 콘라드 1세의 죽음(919년)으로 종결되었다.

4. 오토 왕가

오토 왕가의 미술,
금박을 입힌 아우렐리우스 법전 표지

오토 왕가의 통치 시대로 중세 전성기가 시작되었다. 911년 유아왕(幼兒王) 루드비히의 죽음으로 동프랑켄 제국의 혈통이 끊어지자 프랑켄, 작센, 슈바벤, 바이에른은 서프랑켄 제국의 왕 카를 3세에게 복종하는 대신, 포르흐하임(Forchheim)에서 프랑켄 공작 콘라드를 국왕으로 추대하였다. 콘라드 1세의 통치 기간 중 대외 정책으로는 헝가리의 위협으로 규정되었다.

내부적으로는 혈족 공국들과의 다툼이 끊이질 않았다. 오토 혈통인 후계자 하인리히는 미래의 독일 제국을 일치단결하는데 성공하였다.

하인리히 1세(875~936년)는 921년 친선 협정을 통해 서프랑켄의 왕 카를을 동등한 권리를 가진 파트너로 인정하였다. 925년에 예전에 배신했던 로트링겐을 자신의 다섯 번째 공국으로 부속시켰다. 카롤링거 대제국에서 생성된 동프랑켄과 독일 제국은 하인리히 1세가 죽은 후에도 존속하였다. 카롤링거 시대의 통치권 분할 경험과 정반대로 통치할 능력이 있는 아들들 중에서 장자만이 왕이 되며, 오토를 후계자로 정하였다.

1) 오토 대제와 후계자들

오토 1세 대제(936~973년 통치)는 이미 아헨에서의 국왕 즉위식을 통해 카롤링거 왕가의 전통적 대리자로서 자신을 분명히 드러냈다. 오토 대제는 카를 대제의 왕좌에 있는 동안 위대한 황제의 직접적인 계승자로 인식되는데 사명을 다하였다. 962년 2월 2일 로마 베드로 성당에서 교황 요한 12세로부터 황제로 임명되었다. 이 사건은 유럽 역사에 널리 영향을 미치게 되었다. 황제는 이 시점부터 동프랑켄·독일 왕국의 왕위 계승과 연결되어 있을 뿐만 아니라 로마의 교황으로부터 황제 즉위를 위해 필요한 권위를 구해야만 했다.

오토 대제의 후계자인 아들 오토 2세(973~983년 통치)는 오토 대제 생전인 967년에 교황으로부터 동반 황제로 임명되었지만, 재위 기간 마지막까지 중대한 반란들을 감수해야만 했다. 그리고 982년 칼라브리아의 코트로네 근처 전투에서 사라센들에 의해 전사하였다. 게다가 그 이듬해 덴마크족과 슬라브족이 독일 북쪽과 동쪽 국경에서 피비린내 나는

오토 1세의 왕관

반란을 일으켰다.

오토 3세(983~1002년)는 아버지 오토 2세가 죽을 때 겨우 세 살이어서 어머니 테오파누와 할머니 아델하이트가 섭정하였다. 성년이 된 후 오토 3세는 로마식 황제권 개혁을 계획하고, 레노바치오 임페리(Renovatio imperii, 제국의 재건)를 실현시키고자 노력하였다. 로마는 황제와 교황의 본거지로써 세계 지배의 중심이어야 한다는 생각에서였다. 그러나 황제는 스물한 살의 젊은 나이로 죽었다. 후계자 하인리히 2세(1002~1024년 통치)는 통치의 핵심을 다시 독일에 집중하였다. 하인리히 2세가 후계자 없이 죽게 되자 오토 왕가는 결국 그와 함께 막을 내렸다.

❗ 오토 왕가

912년	11월 22일 오토 대제 출생
919년	5월 오토의 아버지 하인리히 1세가 프리츨라(Fritlzar)에서 프랑켄과 작센의 왕으로 선출
936년	8월 8일 오토가 이탈리아 로타르의 과부 아델하이드와 결혼, 북이탈리아에 권리를 가짐
962년	2월 2일 오토 대제로 황제 즉위
973~983년	오토 2세 통치 기간
983~1002년	오토 3세 통치 기간
1002~1024년	하인리히 2세 통치 기간
1004년	하인리히 2세 파비아에서 왕위에 즉위
1014년	하인리히 2세 로마에서 황제 즉위
1024년	하인리히 2세의 죽음으로 오토 혈통 끝

5. 잘리어족

1024년 하인리히 2세가 죽은 후 콘라드가 첫 잘리어족 왕으로 선출되었다. 콘라드 2세(990~1039년)는 왕의 권리와 영지를 지키기 위해 노력하였으며 1027년 로마의 황제가 되었다. 슈파이어(Speyer)에 대성당을 건설함으로써 경건한 왕으로서의 자질을 증명하였다. 교회 개혁을 집중 장려하고, 1039년 그의 아들 하인리히 3세(1017~1056년)로 왕위를 이었다. 그는 성직자들의 결혼과 성직매매를 막기 위해 적극적으로 투쟁했는데, 그것은 이미 오래전부터 계속되어온 교회의 관습이었다. 로마 교회 후원자로서 교황청 일에도 관여했다. 수트리(Sutri)와 로마 종교회의는 그의 계율을 따라 경쟁하던 세 명의 교황들을 모두 폐위했다. 1056년 하인리히 3세는 39세의 나이로 사망하였다. 당시 여섯 살이 된 아들 하인리히 4세가 왕위를 계승하였다.

하인리히 4세(1050~1106년)는 교황과의 성직 서임권 다툼으로 1077년 황제 자리를 지키기 위해 '카노사의 굴욕'을 당하였다. 그럼에도 불구하고 독일 제후들은 슈바벤 공작 라인펠트의 루돌프를 반대왕으로 선출하였다. 시간이 흐르면서 하인리히는 반대왕을 물리치는데 성공하였다. 그의 아들 하인리히 5세(1086~1125년)는 아버지에게 왕위 계승을 강요하고, 1122년 보름스(Worms) 종교협약으로 성직 서임권 다툼을 종결지었다. 1126년 후사가 없던 하인리히 5세가 죽으면서 마침내 잘리어족 왕권은 끝을 맺었다.

6. 성직 서임권(敍任權) 분쟁

하인리히 4세와 그레고리우스 7세, 세밀화

교회 권력과 정치 권력 사이에 커지는 불신은 1060년 이후 실시되는 교회 개혁과 1075년부터 1122년까지 지속된 성직 서임권 분쟁으로 이어졌다. 11세기가 흐르면서 교회의 권력이 끊임없이 성장하자 1059년 라테란에서 열린 부활절 종교회의에서 성직자들의 독신과 성직매매와 세속인에 대한 성직 서임 폐지를 청구했다. 교황 그레고리 12세(1019~1085년)는 황제나 제후들로 주교의 자리를 채울 수 있다는 생각에 1075년 성직 서임권 폐지를 강화했다. 게다가 같은 해 자신의 저서 《교황 교서 *Dictatus Papae*》에서 황제에 대한 교황의 수위권을 제기하였다.

1) 황제와 교황 사이의 공공연한 갈등

교회와 황제 사이의 갈등은 밀라노 대주교의 사망 후 더 깊어졌다. 교황은 파트리아(Patria, 라틴어로 모국이라는 뜻.—옮긴이)라는 도시의 하층 운동 단체에서 후계자를 선출하는데, 이들은 개혁 요구 사항으로 성직자들을 압박하며 북이탈리아에서 국왕에게 충성하는 부유한 주교들을 파면시키는데 주력하였다. 파트리아는 자신들의 주교를 선출하려고 했지만 국왕은 자기 후보들 중에서 고트프리트를 새로운 주교로 임명했다.

그러자 교황은 하인리히 4세에게 교회를 추방하겠다며 위협했다. 그에 반하여 왕은 1076년에 교황 그레고리를 파면하기 위해 보름스 종교회의를 소집하였다. 하인리히는 극도로 모험적인 시도에서 국왕에게 충성하겠노라는 주교들의 복종을 얻어냈는데 이 모든 것이 그들의 특권과 관계된 것이었다. 24명의 주교와 2명의 대주교가 적법하지 못한 교황에게 불복종을 선언하였다.

그에 따른 교황의 반응은 국왕을 파문하고 더 이상 왕으로 인정하지 않는 것이었다. 이렇게 해서 1076년 일종의 교착상태에 이르렀다. 교황은 국왕에 의해 파면되고, 교황 또한 국왕을 파문하게 되었다. 독일 제후들은 이 상황을 직면하고는 반대 국왕을 선출할 기회로 여겼다. 하인리히는 이 상황을 간신히 모면하게 되며, 제후들로부터 1년 안에 교황의 파문을 다시 철회할 수 있는 기회를 얻게 되었다.

2) 카노사(Canossa)의 굴욕과 그 결과

하인리히에게는 카노사로 속죄 여행을 떠나는 도리밖에 없었다. 그는 1077년 1월 25일 교황 그레고리 12세가 칩거하고 있던 카노사 성채 문 앞에 섰다. 사흘 동안 겉옷만 걸친 채 맨발로 눈 위에서 용서와 교회 재입회를 구했다.

교황 입장에서도 하인리히의 청을 들어주고 그를 면죄해주는 것 말고는 달리 방법이 없었다. 그 와중에 독일 제후들은 1년의 유예기간을 기다리지 않고 라인펠트의 루돌프를 반대 국왕으로 선출하였다. 그러자 루돌프는 곧바로 교황에게 충성을 맹세하였다.

카노사의 굴욕, 세밀화

그레고리 12세는 또다시 하인리히 4세에 대한 파문을 선포하였다. 그러나 반대왕 루돌프가 1080년 전투에서 입은 부상으로 사망하자 하인리히가 다시 정상에 오르게 되었다. 그는 대주교 빌베르트 폰 라벤나(Wilbert von Ravenna)를 교황 클레멘스 3세로 임명하고 어느 정도 전세를 역전시켰다.

그레고리 12세는 갑자기 반대 교황과 맞서게 되었다. 그리고 얼마 후 하인리히의 군대가 세 번째 원정에서 로마 시까지 점령해 버렸다. 그리하여 그레고리는 노르만 동맹국으로 도망갈 수밖에 없게 되었고 망명 중에 결국 사망하였다.

성직 서임권 분쟁의 끝은 1122년 보름스 종교협약으로 마침내 봉인되었다. 주교를 임명할 수 있는 국왕의 권리는 이미 고정된 관습법이 되어 있었다. 이런 상황을 직시하여 국왕은 앞으로 세속의 서임권을 처리하고, 반면 교회는 종교상의 서임권을 유지하는데 의견을 일치하였다. 이것은 종교상의 권력과 세속적 권력 사이에 생겨난 다툼에서 교황권의 승리에서 온 타협에 의한 해결책이었다. 확실하게 강화된 교황권은 독립적인 권력을 행사하게 되었다. 그러나 서임권 분쟁의 진짜 수혜자는 높은 귀족들이었다. 혹독하게 약화된 왕권을 희생양으로 삼아 주권을 자기들 것으로 삼고 국왕 선출권을 관철시킨 것이다. 그럼으로써 오토 왕조의 제국 교회 조직은 최종적으로 끝을 맺었다.

7. 십자군 원정

교황 우르반(Urban 2세, 1042~1099년)은 1095년 클레르몽 종교회의 연설에서 이교도들에 대한 그리스도교 세계의 십자군 원정을 소집하였다. 순회 선교자 페터 폰 아미앵(Peter von Amiens, 1050~1115년)은 스스로를 기사로 칭하며 농부들로 구성된 군대를 소집하여 콘스탄티노플로 쳐들어갈 기회를 엿보았다. 규율이라고는 전혀 없는 군대는 이동 중에 금지된 약탈을 일삼았다. 그러나 니코메디아 근처 목적지에서 회교도들에 의해 순식간에 패배하였다. 분명 십자군 운동을 위한 영광스러운 서막은 아니었다.

첫 번째 십자군 기사들은 동로마 제국 알렉시우스(1048~1118년) 황제에 대한 충성의 서약과 정복한 땅을 콘스탄티노플에 넘겨주는 의무를 지키지 않았다. 그렇게 첫 번째 십자군 국가인 에데사가 탄생하였다. 그 후로 단명하게 될 또 다른 국가들이 이어졌다. 그리고 총 일곱 번의 대십자군 원정이 이루어졌다.

첫 번째 원정에서 기사들은 큰 성공을 거두어 예루살렘을 정복하였다. 1144년 회교도들이 에데사 백작령을 재정복한 후, 베른하르트 폰 클레르보(Bernhard von Clairvaux, 1091~1153년, 프랑스의 수사, 후에 성인으로 추대됨. ― 옮긴이)는 두 번째 십자군 원정을 재촉하였다. 그러나 이 원정은 실패로 끝나고 1187년 예루살렘을 잃게 만들었다.

콘라드 3세

1190년 7월 사자심장왕이라고도 불리는 리처드 1세가 팔레스타인 지방으로 3차 원정을 떠났다. 사이프러스가 총 다섯 번째 십자군 국가가 되지만, 예루살렘 재정복은 성공하지 못하였다.

네 번째 십자군은 베네치아 공국의 간계로 예루살렘에 도달하지 못하였다. 베네치아 공국 총독 엔리코 단돌로는 십자군 기사들로 하여금 자신의 정적을 제거하고 콘스탄티노플로 행군하도록 했다.

프리드리히 2세(1194~1250년)가 이끄는 다섯 번째 십자군은 최후에 담판을 통해 얻은 결론으로 예루살렘에 대한 새로운 그리스도교 통치를 이끌어냈다.

그와 반대로 1248년 여섯 번째 십자군 원정은 성공을 거두지 못했고, 루드비히 9세(1214~1270년)와 그의 군대는 포로로 사로잡혔다.

반면 일곱 번째 최후의 십자군 원정은 1270년 튀니지에 상륙했지만 루드비히 왕의 죽음으로 막을 내리고 말았다.

십자군 원정의 결과로 한때 찬란했던 시리아 · 팔레스타인 영토는 그리스도교도와 회교도 사이의 끝없는 전투가 이어져 엄청난 시련을 겪어야 했다. 십자군 원정으로 쇠약해진 콘스탄티노플은 동쪽의 압력을 더 이상 막아낼 수 없었다. 그리하여 술탄 메메드 2세는 1453년 콘스탄티노플을 정복하는데 성공했다.

십자군 원정에서 이득을 본 건 교황권으로, 교황의 명망이 상승하는 데 월등히 기여했다. 그 외에 베네치아, 제노아, 피사 같은 도시들 그리고 독일, 이탈리아, 프랑스의 무역도시들이 물물교환에서 화폐경제로의 이행을 촉진시키며 십자군 원정의 부수 효과를 보았다.

고트프리트 폰 부이용

！ 십자군 원정

1095년	교황 우르반 2세 십자군 원정 소집
1096~1099년	고트프리트 폰 부이용 지휘 아래 1차 십자군 원정. 예루살렘 정복
1147~1149년	2차 십자군 원정
1187년	그리스도교 왕국 예루살렘 회교도에 의해 재정복
1189~1192년	3차 십자군 원정
1202~1204년	4차 십자군 원정
1204년	원정군에 의해 콘스탄티노플 정복과 약탈
1228~1229년	5차 십자군 원정. 프리드리히 2세와 술탄 알 카밀 사이에 평화 협정
1244년	회교도가 예루살렘 재정복
1248~1254년	6차 십자군 원정. 프랑스의 루드비히 9세의 지휘로 이집트와 대항
1270년	7차 십자군 원정. 루드비히 9세 페스트로 사망
1291년	성지의 그리스도교 최후의 요새인 아콘(Akkon) 함락
1303년	동방에서의 그리스도교 마지막 근거지 포기
1309~1377년	아비뇽에서 교황의 바빌론 유수, 교황의 세계 통치 끝
1453년	콘스탄티노플 함락

8. 호엔슈타우펜 왕가

슈바벤 혈족가문인 호엔슈타우펜 왕가는 1138년에서 1254년까지 여러 명의 독일 황제와 국왕을 배출했다. 그중 가장 유명한 이가 황제 프리드리히 1세(1122~1190년)인데, 붉은 수염 때문에 이탈리아인들은 바르바로사(Barbarossa, Barba-수염, rossa-붉은―옮긴이)라고 불리었다. 권력을 향한 호엔슈타우펜 가문의 투쟁은 후사를 남기지 않고 죽은 잘리어 가문의 하인리히 5세 이후부터 시작되었다.

그가 죽은 후 제후들은 정통 왕위 계승자인 하인리히의 조카 하인리히 폰 호엔슈타우펜이 아닌 로타르 폰 작센을 왕으로 선출하였다. 그로써 벨프(Welf) 가문과 호엔슈타우펜 가문의 갈등이 시작되었다. 제국의 선제후들은 로타르의 아들과 하인리히 오만공(傲慢公)을 믿지 못했기에 로타르 사후 하인리히의 권리를 무시하였다. 결국 호엔슈타우펜 가문의 콘라드 3세(1093~1152년)가 왕위를 물려받았다. 그가 죽은 후에는 프리드리히 폰 슈바벤이 왕으로 선출되었다.

콘라드 3세가 오랫동안 벨프 가문과 전쟁을 벌인 반면, 프리드리히 1세인 바르바로사는 재위 기간 동안 적대적인 두 가문 사이의 평화협정을 위해 애썼다. 프리드리히 1세는 제국의 권력을 옛날 삼위일체였던 독일 · 이탈리아 · 부르군트로 재건하고 굳건하게 결합된 봉건국가를 세우고 동시에 국왕의 권력을 강화하고자 노력했다.

1) 바르바로사의 후계자들

바르바로사의 아들 하인리히 6세(1165~1197년)는 중세 국왕의 이상형에 가까웠던 아버지의 용맹스러운 외모를 전혀 닮지 않았다. 하인리히는 가녀린 외모를 지녔지만 명석한 두뇌의 소유자였다. 찬란한 호엔슈타우펜 대제국의 최종 목표를 남몰래 꿈꾸며, 자신의 정치적 목적을 위해 손실을 두려워하지 않았다.

하인리히 4세와 하인리히 5세

1198년 독일에 일종의 이중 선거가 있었다. 몇몇의 선제후들은 하인리히 5세의 형제인 펠리프를, 또 다른 제후들은 벨프 가문의 오토 4세(1177~1218년)를 왕으로 선출하였다. 그렇게 하여 두 개의 독일 왕국이 탄생하였다. 펠리프가 죽고 난 후에야 오토는 모든 것을 차지하고, 마침내 황제 즉위식의 위엄을 요구하였다. 오토 4세가 옛 호엔슈타우펜 왕가의 이탈리아 정책을 다시 이어가고, 시칠리아에 대한 지배권을 되찾으려 하자, 교황은 그에게서 등을 돌렸다. 그러고는 프리드리히 2세(1194~1250년)가 독일 왕에 선출되는 데 힘이 되어 주었다. 마침내 그의 아들 하인리히 4세가 1212년 왕위에 올랐다. 프리드리히 2세가 죽은 후 유일한 정통 후계자인 콘라드 4세(1228~1254년)는 시칠리아의 지배권을 넘겨받기 위해 여정에 올랐다.

2) 호엔슈타우펜 왕가의 몰락

프리드리히 2세의 사생아 만프레드는 콘라드 사후(1254년) 시칠리아의 통치권을 차지하였다. 콘라드는 베네벤트 전투에서 사망하였다. 그 후 콘라드 4세의 아들인 콘라딘(Komradin, 1252~1268년)은 자신의 상속권을 되찾기 위해 노력했다(1267년). 그러나 그는 탈리아코초 (Tagliacozzo) 전투에서 포로로 잡힌 후 나폴리에서 공개처형을 당했는데, 이것으로 한때 자랑스러웠던 호엔슈타우펜 왕가는 멸망하게 되었다.

그리하여 제국과 시칠리아와의 관계는 호엔슈타우펜 왕가에게 유해하게 작용하였다. 교황청은 '슈타우펜 겸자(鉗子)'에 질식할지도 모른다는 두려움에 왕가 교체를 이루는데 모든 것을 걸었다. 콘라딘의 처형은 호엔슈타우펜 왕가의 운명에 있어서 지극히 당연한 결과였다. 호엔슈타우펜 왕가가 몰락한 후 제국의 대부분은 제 갈 길을 갔다. 이어지는 대공위(大空位) 기간 동안 독일 영주들은 자신들의 입지를 다졌다. 한편 이탈리아에서는 시칠리아가 앙주(Anjou) 가문에 넘어가는 동안 무정부 상태가 지속되었다.

9. 독일 기사단과 동부 유럽의 식민(植民)

독일 제국은 동쪽 엘베 강을 따라 서로 다투는 수많은 슬라브족들과 경계를 짓고 있었다. 볼레슬라브(Boleslav 3세, 747~814년) 통치 기간에 통일된 슬라브 국가 형성은 폴란드 지배층을 반대하는 슬라브족들의 저항으로 실패하였다. 카를 대제가 잘레(Saale) 강과 오더(Oder) 강 사이의 벤트족을 굴복시킨 후, 하인리히 1세(876~936년)와 오토 1세(912~973년)는 엘베 강과 오더 강 사이의 슬라브족들을 정복하였다. 그 후 로타르 폰 작센(1137년 사망)이 200여 년이 걸리는 이주를 시작하였다. 이는 독일과 동부 유럽의 외관을 형성하는 중요한 사건이었다.

교황 이노센트 3세가 독일 기사단의 규칙을 인정함

    그의 뒤를 이어 사자왕 하인리히(1125~1190년)가 계속해서 동쪽으로 진출하였으며, 홀슈타인, 서메클렌부르크를 정복했다. 브란덴부르크와 폼메른은 독일 주권 아래 자발적으로 항복했다. 1180년 사자왕 하인리히의 실각으로 군사력을 동원한 정복 시기는 막을 내리고, 1210년 이후로 평화적인 식민 정책이 시작되었다. 이런 방식으로 메클렌부르크, 동브란덴부르크, 폼메른, 슐레지엔, 북모라비아, 폴란드가 기사단의 나라(독일 기사단의 나라라고도 부른다.)로 이주하였다. 기사단의 나라가 가장 넓었던 시기에는 지금의 폴란드, 러시아, 레트란트, 에스트란트, 리타우엔이 포함되었다. 기사단은 14세기에 전성기를 맞이하고 16세기까지 존재했다.

10. 대공위(大空位) 시기와 왕권의 몰락

1273년 대공위 기간의 끝에서 1356년 황금문서의 시기까지 세력 다툼에는 두 가지 동향이 있었다. 왕권은 권위를 강화하려고 시도한 반면, 제후들은 중앙 권력을 약화시키려고 노력했다.

루돌프 폰 합스부르크(1218~1291년)는 탁월한 역량을 지닌 통치자로서 법과 질서를 다시 세우고 혼돈과 무질서로부터 제국을 지켰다. 비록 교황권이 호엔슈타우펜 왕가에 이기기는 했지만 아비뇽 교회에서의 바빌론 유수로 인해 프랑스 왕권에 종속되기에 이르렀다(1309~1377년). 서양의 종교와 세속적 권력의 일치는 무너지고 민족 국가 형태가 생성, 연결된 시대가 도래하였다. 렌제 선제후 회의는 국왕 선출 시 교황의 승인이 필요하지 않다고 결의하였다. 황금문서에 의해 선제후들을 통한 국왕 선출이 법률상의 근거를 확보하였다. 그럼으로써 선제후들의 세력은 강화되고 강력한 중앙권력의 재건은 저지되었다. 황금문서의 결의 내용에는 그때부터 1806년까지 황제와 제후들 사이의 관계를 규정하고 있다.

❗ 대공위 시기에서 황금문서까지

1273년	루돌프 폰 합스부르크
1314년	바이에른(비텔스바흐)의 루드비히
1338년	렌제 선제후 회의
1347년	카를 4세(1316~1378년)
1356년	황금문서

11. 제국과 교회 개혁

상당히 길었던 프리드리히 3세(1440~1493년)의 통치 기간 동안에 집중적인 제국 개혁이 실행되었다. 그 결과로 제국의회와 주의회가 구성되었으며, 주의회 의원들은 제후들의 독립적인 권력에 반대하기 위해 연합하였다. 그들의 가장 중요한 권한은 조세 승낙이었으며, 양당 신분국가가 탄생하였다. 황제와 제국의회 의원들은 상임정부 당국으로서 제국을 다스렸다. 1495년 보름스 제국의회에서 제국 대법원이 재조직되었다. 제국의 세금이 일시적으로 '평민세'로 합의되었다. 교회의 무수한 폐단 때문에 동시에 광범위한 교회 개혁도 실시되었다. 교황의 수위권에 대해 영국 옥스퍼드 교수 존 위클리프(John Wiclif, 1324~1384년)가 이의를 제기하였다. 얀 후스(Jan Hus, 1379~1415년)도 위클리프를 본받아 평신도에게도 잔을 주고 성직자의 청빈을 요구했다. 도미니크회 수사 지롤라모 사보나롤라(Girolamo Savonarola, 1452~1498년)는 메디치 가문이 카를 8세에 의해 추방당한 후 신의 법을 따른 민주정을 세웠다. 하지만 지롤라모 사보나롤라가 화형 당함으로써 곧 무너졌다.

1409년 피사 공의회는 1378년 이후로 아비뇽과 로마에 각각 교황이 있음으로써 발생한 분열을 없애기 위해 노력했지만 성공하지 못했다. 그 분열은 1414년에서 1418년까지의 콘스탄츠 공의회에서 치른 마르틴 5세(1368~1431년)의 선거를 통해 해소되었다. 1431년에서 1449년 사이에 열린 바젤 공의회를 통해 실현되어야 할 교회 개혁은 교황권의 견고한 저항으로 실패하였다.

12. 한자(Hanse, Hansa) 동맹과 다른 도시 동맹

독일 도시들은 중세 후기에 활발한 무역 중심지로 성장하였다. 특히 북이탈리아와 플랑드르 지역은 수공업과 예술 분야가 발달하여 부의 중심지가 되었다. 시민들의 기업가 기질은 초기 자본주의의 초석이 되었다. 가장 영향력이 큰 몇몇 도시는 그 와중에도 제후들과 대립하게 되었는데, 세월이 흐르면서 그들이 상당한 토지를 축적했기 때문이었다.

강력한 중앙 권력의 부족으로 도시들은 도시 동맹을 구축하기로 합의하였다. 한자 도시 동맹은 때에 따라 150개가 넘는 도시를 포함하고, 플랑드르 지방과 노브고로드(Nowgorod, 러시아의 주 이름—옮긴이)까지의 무역을 통제할 뿐 아니라, 상당한 정치적 비중까지 얻게 되었다. 동인도와의 향료 교역을 시작으로 이윤을 추구하는 몇몇 영국과 네덜란드 회사들 외에 아우구스부르크의 양대 상회 푸거(Fugger) 가문과 벨저(Welser) 가문이 그 당시 가장 중요한 상인 가문에 속하였다. 두 가문은 소박한 가업에서 시작하여 나중에 세계적인 명망을 얻게 되었다. 오직 화물에 국한된 한자 연맹의 무역은 오랫동안 푸거 가와 벨저 가와 같은 대형 무역상과는 경쟁이 되지 않았다. 그건 바로 대형 무역상이 최신 물품과 금융사업을 노련하게 서로 결합시킬 줄 알았기 때문이었다.

한자 연맹의 또 다른 불리한 점이라 할 수 있는 것은 인도로 가는 뱃길의 발견이었다. 그 이후로 무역거래는 북해와 동해에서 점점 대서양으로 옮겨갔다. 삼십년전쟁의 발발과 일부 도시 연합의 특수 이익도 17세기 한자 동맹이 쇠락하는 또 다른 원인이었다.

13. 레콘키스타(Reconquista)

711년 이슬람의 정복에 대항한 서고트족의 저항으로 1064년 레콘키스타(Reconquista, 이슬람교도에게 점령당한 이베리아 반도 지역을 탈환하기 위하여 일어난 기독교도의 국토 회복 운동―옮긴이)가 일어나는데, 이것은 스페인을 아랍 통치에서 되찾으려는 그리스도교 국민들의 투쟁이었다. 1492년 그라나다에서 마지막 남은 무어인들과 유대인을 추방함으로써 투쟁은 종결되었다. 스페인에서는 1000년까지 다시 다섯 개의 국가가 성립되었다. 레옹 왕국, 35년 뒤에 왕국으로 공고된 카스틸리아, 바스크 왕국인 나바라, 아라고니아 왕국, 바르셀로나가 중심인 백작령 카탈로니아가 그것이다.

첫 번째 레콘키스타로 약 1000년에 두에로와 스페인 국경까지 도달했다. 두 번째 운동으로 1064년에 코임브라까지 도달했고, 1085년에 톨레도, 1118년에 사라고사, 1147년에 리스본과 1148년에 토르토사까지 도달하였다. 그와 함께 포르투갈의 레콘키스타도 끝났다. 세 번째 운동으로 1229년 발레아렌, 1238년 발렌시아, 1236년 코르도바, 1248년 세

빌리아를 되찾았다. 신기원을 이룬 1492년 카스틸리아의 이사벨라 1세 (1451~1505년)와 아라고니아의 페르디난트 2세(1452~1506년)의 그라나다 수복으로 레콘키스타는 유럽에서 끝이 났다. 이것은 포르투갈과 스페인의 해양 세력 팽창 전조로써 새로운 시대를 향한 시초가 되었다.

V
근대

광범위한 정치 · 사회 · 문화적 변동
은 근대로의 전환기를 두드러지게 하
였다. 고대의 재발견으로 신, 자연, 예
술에 대해 새로운 시각이 형성되는 동
안 레스 푸블리카(Res Publica, 라틴어
로 '공공의 일', '공적인 일'이란 뜻으로,
공화국(Republic)의 어원―옮긴이)의
자리를 유럽식 국가 체계가 대신하였
다. 근대의 시작은 르네상스로, 인간의
정신적 한계를 넓혀준 해외에서의 발
견과 밀접한 연관이 있다.

프랑스 대혁명의 상징

1. 시기적 분류

유럽 강대국인 스페인 · 포르투갈 · 프랑스 · 영국은 아프리카 · 인
도 · 아메리카의 보물과 시장을 향해 손을 뻗었다. 17세기와 18세기에
대식민 제국이 생겨났다. 동시에 계몽주의의 시대도 도래하였다. 계몽
주의는 정신적 각성을 이끌어내고 더 나아가서는 가장 중요한 발명과
학문적 발견으로 이어졌다. 물론 그 발명과 발견으로 처음 이득을 보는
건 절대왕정이지만, 동시에 프랑스 대혁명과 초기 입헌국의 싹을 심게
되었다.

마르틴 루터(1483~1546년)와 장 칼뱅(Jean Calvin, 1509~1564년)의

그리스도교 개혁운동은 또 다른 중요한 전환기를 맞았다. 풀기 힘든 종교와 세속적 상황의 관계로 특징지을 수 있는, 천 년이 된 서양 사회는 16~17세기에 급격한 변화를 겪었다. 교황권이 심각한 권력 쇠퇴로 시달리는 동안, 종교 분열은 종파주의와 지역주의를 야기하였다.

1) 식민지 팽창 시대

18세기 유럽은 계승 다툼 와중에도 끊임없이 바뀌는 동맹 정세의 범위 내에서 철저하게 분열되었다. 그에 반해 19세기는 수많은 민족국가의 형성이 특징이라고 할 수 있다. 자유와 자치를 향한 외침은 유럽 민족만이 아니라 광대한 식민지 제국에까지 전이되었다. 상인들과 왕들은 원래의 경제적인 동기를 충족하기 위해 인도와 동아시아의 부유한 나라로 탐험여행을 나섰다.

식민지주의

작은 왕국 포르투갈은 유럽 바깥세상을 정찰하는 선구자 역할을 담당했다. 항해왕 엔리케(1394~1460년) 지휘 아래 아프리카 해안을 남쪽까지 성공적으로 탐험하고, 1488년 희망봉을 회항하여 인도로 가는 항로를 열었다.

스페인 왕실의 명령으로 크리스토퍼 콜럼버스(1451~1506년)가 서쪽을 항해하게 되고, 1492년 아메리카 대륙을 발견하였다. 이 발견으로 콜럼버스는 서양의 세계지도를 바꾸었고, 스페인 식민지 제국의 전제 조건을 마련하였다. 얼마 지나지 않아 스페인 정복자 코르테스(1485~1547년)와 피사로(1475~1541년)가 잔혹하게 굴복시킨 아즈텍과 잉카 인디언들의 고대 문명이 희생되었다. 반면 프랑스와 영국은 북아메리카 해안을 탐사하는데 집중했다.

2) 신앙 고백 갈등의 시대

같은 시기에 아우구스티누스파 수사인 마르틴 루터는 교회의 면죄부 판매를 신랄하게 비판하였다. 그는 처음부터 비텐베르크 명제 95조로 종교 분열을 일으킬 의도는 없었다. 그렇지만 결과는 1519년 로마와 단절하고 새로운 교의의 기초를 다지게 되었다. 인쇄술의 도움을 받아 생각보다 빠르게 전 유럽에 전파되면서 독일 장원 영주들까지 새로운 믿음에 관심을 보였다. 이들은 성당의 재산을 획득하여 독일 복음교회(신교회, 프로테스탄트 교회)를 창시하였다.

종교 개혁은 1519년 스위스에서도 일어났다. 츠빙글리(Zwingli, 1484~1531년)는 취리히의 교회를 개혁하고, 칼뱅은 제네바에서 활동했다. 칼뱅주의는 특히 프랑스·네덜란드·스코틀랜드·동부 유럽에서 중요한 의미를 지녔다. 프랑스 칼뱅주의 추종자들인 위그노파들은 1598년까지 여덟 차례의 위그노 전쟁을 겪으며 잔인한 박해를 받았다. 가톨릭 국왕에 대한 프로테스탄트 보헤미아 계층의 저항은 1618년 전 유럽에 번진 삼십년전쟁을 불러일으키고, 1630년 전쟁에 참여한 스웨

베스트팔렌 평화 조약

덴이 프랑스와 함께 로마 · 독일 황제에 대항하여 동맹을 맺었다.

그 뒤에 이어지는 베스트팔렌 평화조약은 신성로마 제국의 지역주의를 보호해 주었고, 제국 자체는 프랑스 · 스웨덴 · 네덜란드의 세력에 가려 뒷전으로 물러나 있었다. 스페인은 토르데시야스(Tordesillas, 1494년) 분할 협정으로 아메리카에서 포르투갈보다 강력한 위치를 차지하였다.

그 후 1765년까지 서인도와 식민지 무역을 제압하지만 나중에는 영국에 아메리카와 서인도의 영토를 빼앗겼다. 영국은 해양과 무역의 주도적인 세력으로서 식민지에서의 공동발언권을 유지하고 있었다. 1651년 영국 항해 조례로 식민지에서의 유리한 무역에 대해 영국 선박을 사용하도록 하였다. 이로 인해 아메리카 식민지와 모국 사이에는 제지하기 힘든 소원함이 발생하였다. 아메리카 독립전쟁(1776~1783년)에서 뉴잉글랜드를 잃자 영국의 관심은 어쩔 수 없이 인도로 옮겨갔다. 18세기 말 영국은 모굴 제국과 프랑스를 젖히고 가장 강력한 식민지 세력으로 부상하였다.

3) 혁명과 왕정복고

후계자까지 화려한 건축과 사치스런 궁정생활을 누린 태양왕 루이 14세(1638~1715년)의 전쟁 강행은 프랑스 재정을 파탄으로 몰고 갔으며, 1789년 프랑스 대혁명을 일으키게 했다. 1804년 나폴레옹 보나파르트(Napoleon Bonaparte, 1769~1821년)는 스스로 프랑스 황제에 오르면서 전쟁을 종식시켰다. 그러나 혁명의 중요한 성과는 나폴레옹의 정치적 개혁 업적 안에서 계속 진행되었다.

태양왕 루이 14세

1813년에서 1815년의 해방전쟁은 유럽에 걸친 나폴레옹의 통치를 종결짓고 동시에 유럽 민족의 국가주의적이고 자유를 존중하는 경향을 심화시켰다. 그러나 비엔나 회의(1814년/1815년)와 프로이센, 오스트리아, 러시아, 프랑스의 반동적인 복구 정책은 시민들의 자유로운 체제와 정치적 동참을 향한 열망으로 끝을 맺었다. 교회와 국가의 옛 질서는

'1848년 혁명'이 끝난 후에도 유지되었다. 독일에서는 프로이센 재상 오토 폰 비스마르크(Otto von Bismarck, 1815~1898년)의 업적을 통해 자유당이 추구하던 국가 통일이 정치적 현실로 이루어졌다.

2. 아메리카 발견

크리스토퍼 콜럼버스(Columbus, 1451~1506년)는 중국과 인도로 가는 빠른 항로를 찾던 중 아메리카를 발견하였다. 레콘키스타 끝 무렵 왕실의 재력이 마우르족과의 전투와 관련이 없게 되자 콜럼버스의 여정은 자유로워졌다. 마지막 마우르족이 이베리아 반도에서 추방당한 후 아라곤의 왕 페르디난트와 카스틸리 여왕은 콜럼버스에게 특권을 수여하였다. 그로써 콜럼버스는 해군 제독의 직위와 귀족 작위 수여 외에도 그가 앞으로 스페인을 위해 점유하게 될 모든 섬과 육지의 부왕(副王)과 총독이 되었다는 언약을 받았다. 그밖에도 새로 발견된 지역에서 얻게 되는 모든 품목의 10퍼센트를 수령하기로 약정하였다.

콜럼버스의 남미대륙 도착

1492년 3월 범선 니나호와

핀타호, 자신의 배 산타마리아가 팔로스 항구에서 출항하였다. 카나리아 섬에서 잠시 머문 후 10월 12일 바하마 군도의 산살바도르 섬에 도착하기 위해 계속 서쪽으로 항해하였다. 처음에 콜럼버스는 인도 전방에 있는 섬을 발견한 줄 알고 금을 찾기 위해 몇 달 동안 섬을 옮겨 다녔는데, 그 당시 중국을 발견했다고 믿었다. 콜럼버스가 쿠바와 하이티 섬에 도착한 후 산타마리아호가 침몰하였다. 1493년 1월에 니나호를 타고 귀로에 올랐다. 콜럼버스는 신세계를 찾기 위해 세 번의 여행을 떠났다. 그러나 왕실 측은 그를 의심하고는 탄핵하였다. 그로 인해 그는 부왕의 직위를 내놓을 수밖에 없었다. 그런 뒤 1506년 스페인에서 사망했다.

❗ 새시대 초기의 발견과 정복

1492년	그라나다 정복과 아메리카 발견
1494년	토르데시야스 조약 : 교황 알렉산더 6세(1430~1503년)가 세계를 스페인과 포르투갈에 나누어 줌
1498년	바스코 다 가마(Vasco da Gama, 1469~1524년) 동인도 항로 발견
1513년	스페인 탐험가 발보아가 태평양 발견
1519~1521년	마젤란(1480~1521년) 최초의 세계일주 항해
1519~1521년	코르테스(Cortés, 1485~1547년)가 멕시코 아즈텍 제국 정복
1531~1534년	피사로(Pizarro, 1478~1541년)가 페루 잉카 제국 정복

독일 학자 마르틴 발드제뮐러(Martin Waldseemüller, 1470~1521년)가 제안한 지 1년 뒤에 아메리고 베스푸치(Amerigo Vespucci, 1454~1512년)에 의해 발견된 대륙을 그에 대한 경의의 뜻으로 아메리카라고 명명하였다.

3. 루터와 종교 개혁

마르틴 루터

마르틴 루터(Martin Luther, 1483~1546)는 광범위한 교회 개혁이 실현되지 못한 채 남아 있는 사실에 직면하게 되었다. 그는 유감스럽지만 교회의 은총론은 '아무리 노력해도' 절대 효험이 없는 것이라고 여겼다. 1517년 95개의 명제로 면죄부에 대한 개혁 운동을 일으켰는데, 이는 몇 년 이내에 존재하는 교회 범위를 완전히 해산시키게 되었다. 개혁 운동은 독일 전역에서만이 아니라 국경 너머까지 확산되었다. 비텐베르크 외에 종교 개혁의 가장 중요한 중심지는 취리히였다. 1523년 이후 울리히 츠빙글리(Ulich Zwingli)는 이곳에서 교회 질서뿐 아니라 전체 공공 조직을 개혁하였다. 그가 죽은 후 1536년부터 제네바가 장 칼뱅에 의해 프로테스탄트 모범 국가가 되었다.

종교 개혁의 급속한 확산은 일련의 정치 요소들을 통해 조성되었다. 교황은 작선 선제후들에 대한 대외 정책을 고려하여 루터에 대한 이단자 재판을 부득이 자제할 수밖에 없었다. 교황과 마찬가지로 카를 5세(1500~1558년)는 제국에 대한 빈번한 국내외적 위협 때문에 종교 개혁을 집중적으로 타도할 수 있는 처지가 아니었다. 그리하여 1555년 아우구스부르크 종교 평화협정에서 독일 종파의 분열이 이미 예견되었다.

종교 개혁은 수백 년 동안 이어져 온 라틴 그리스도교 세계의 일치를 없애고 개개인의 종교적 자유를 향한 중요한 걸음이다. 이것은 곧 현대 개인주의로의 발전을 의미하였다. 동시에 국가는 교회의 후견인의 위치에서 벗어나게 되었다. 교회와 국가의 최종적인 분리가 시작된 것이다. 종교 개혁은 오늘날 현대사회로의 발전 여정에서 역사상 가장 중요한 사건이라고 할 수 있다.

! 종교 개혁	
1483~1546년	마르틴 루터
1484~1531년	울리히 츠빙글리
1509~1564년	장 칼뱅
1517년	면죄부 판매에 반박하는 루터의 95개 명제
1519년	라이프치히에서 루터와 엑크(Eck) 사이에 공개 토론
1520년	종교 개혁의 중요한 저작물 세 가지
1529년	마르부르크 회담
1549년	'개혁파의 고백'에서 츠빙글리 주의자와 칼뱅주의자들의 일치

4. 종교 개혁 기간의 제국

15세기가 진행되는 동안 영국·프랑스·스페인에서는 국왕의 권력이 교회보다 훨씬 더 우위를 차지하였다. 그렇기 때문에 이들 국가에서는 루터가 등장하기 전부터 국가적 교회가 현실화되어 있었다. 그에 반하여 독일에서 국가 교회가 생겨나지 못한 이유는 국가적 왕권이 없었기 때문이다. 특히 카를 5세는 보편 교회(전 세계 가톨릭교회—옮긴이)의 이상을 고지했다. 카를 5세는 '결코 태양이 지지 않는' 제국 내에서 중세 시대의 보편적인 황제 이념을 구현하였다. 카를 5세는 종교 개혁을 극복하기 위해 적극적으로 힘써봤지만 교황과의 적대관계와 네 번에 걸친 프랑스와의 전쟁, 터키의 위협이 큰 장애가 되었다.

무엇보다 황제를 무시하고 수많은 제후들과 도시가 종교 개혁을 따랐고, 카를 5세가 슈말칼덴(Schmalkald) 전쟁에서 프로테스탄트 제국의 회를 강제로 저지하려고 했지만 실패하였다. 이리하여 아우구스부르크 종교 화약은 중세 시대에 가장 중요한 권력, 즉 황제와 교황을 제외한 채 페르디난트 왕과 전제후들 사이에 맺어졌다.

루터의 고백은 제국 법률상으로도 단단한 근거를 지니게 되었다. 가톨릭 종파와 루터 종파는 동등한 권리로 나란히 공존하였다. 국민들에게는 제후의 종파가 유효하였다. '쿠이우스 레기오, 에이우스 렐리기오(Cuius regio, eius religio, 라틴어로 지역을 통치하는 자가 종교를 따른다.' 즉 제후의 영지 안에서는 제후의 종교를 따른다.—옮긴이)' 제국 안에서는 무제한적인 종교의 자유가 통하였다는 것이다. 그럼에도 불구하고 종교 화약은 곧 격렬한 방식으로 폭발하게 될 커다란 충돌 가능성을 숨기고 있었다.

대부분의 유럽 국가에서 종교 개혁이나 그에 반대되는 개혁이 승리를 거두었지만 독일은 종파가 분열된 상태로 놓여 있었다.

❗ 세계사 연표

1519~1556년	황제 카를 5세
1521년	보름스 칙령
1522~1523년	프란츠 폰 지킹겐(Franz von Sickengen) 지휘 아래 제국 기사들 반란
1524~1525년	농부 전쟁
1526년	제1차 슈파이어 제국 회의
1529년	제2차 슈파이어 제국 회의
1530년	아우구스부르크 신앙 고백
1546~1547년	슈말칼덴 전쟁
1555년	아우구스부르크 종교 화약

5. 종교 분열 시기의 유럽

카를 5세는 제국 통일을 지키는
데 성공하지 못했다. 그러나 자기
가문의 권력은 상당히 확장시켰
다. 프랑스는 이탈리아와 부르군
트의 적수로서 제거되지 못하고
고립되어 있었다. 비엔나 근처에
서 터키를 물리치기는 했지만, 동
양으로부터의 위험은 여전히 계
속되었다. 표면적으로는 통일 제

성 바르톨로메오 밤의 대학살 묘사

국이 온전하였으나 종교상의 분열은 이미 시행되고 있었다.

! 스페인의 세기

1534년	영국에서 하인리히 13세(1491~1547년) 국왕의 대주교권 결의
1556~1568년	스페인 펠리프 2세
1558~1603년	엘리자베스 1세(1533~1603년)
1562~1598년	위그노 전쟁
1567~1648년	네덜란드 해방 전쟁
1572년	성 바르톨로메오, 밤의 대학살
1581년	네덜란드 독립전쟁
1588년	영국 함대가 스페인 무적함대 격침

펠리프 2세(1527~1598년)는 점차 뻗어가는 황제 제국의 문제점을 떠
안게 되었다. 스페인은 그의 재위 기간 동안 유럽에서 지배 세력으로 성
장하였다. 그리하여 1550년에서 1650년 사이는 스페인의 황금 시기라

고 표현하는 것이 적절할 것이다. 그중 1588년 스페인 무적함대의 패배는 영국과 프랑스를 스페인 정복에서 지켜주었을 뿐 아니라 동시에 네덜란드 전쟁을 결정짓고 유럽에서 프로테스탄트가 존속할 수 있게 했다. 그 후 영국이 해양과 식민지 지배 세력으로 성장하였다.

6. 삼십년전쟁

아우구스부르크 종교 화약을 통해 협정된 타협은 결국 가톨릭도 프로테스탄트도 만족시킬 수 없었다. 반종교 개혁이 점차적으로 기반을 획득한 후 마침내 1618년 보헤미아에서 삼십년전쟁으로 이어지는 종교 갈등이 폭발하였다. 베스트팔렌 평화조약을 통해 제국의회 의원들은 황제와 제국에 반하여 동맹을 맺는 것을 제외하고는 완전한 주권을 정당하게 획득하였다. 그로써 제국은 실제로 주권 동맹 국가가 되었다. 아우구스부르크 화약은 제국 안에서 독자적인 종교 이상으로 인정받고 있는 개혁파에게까지 확장되었다.

독일은 전쟁을 통해 거의 국민의 절반을 잃었다. 수많은 도시가 파괴되고, 지방은 사멸되었으며, 경제는 바닥에 떨어졌다. 북독일이 프로테스탄트로 머무는 반면, 오스트리아, 보헤미아, 모라비아(체코 지역명 — 옮긴이), 팔츠 북쪽은 가톨릭으로 되돌아갔다. 프랑스와 스웨덴은 평화조약과 제국 헌법의 보증인이 되었다.

1659년에야 비로소 피레네 평화조약으로 프랑스와 평화협정을 맺는 스페인은 유럽 열강들의 각축전에서 더 이상 상위 역할을 하지 못하였

다. 새로운 유럽 지배 세력으로
'프랑스의 시대'가 도래하였다.

❗ 세계사 연표

1618년	프라하 성에서 창문 밖으로 구교도 투척 사건
1618~1623년	보헤미아와 팔츠 전쟁
1623년	바이에른 선제후 지위 획득
1625~1629년	네덜란드와 덴마크 전쟁
1629년	뤼벡 평화 조약
1630~1635년	스웨덴 전쟁
1632년	스웨덴 국왕 구스타프 아돌프 (Gustav Adolf, 1594~1632년), 뤼첸 전쟁에서 사망
1634년	독일 사령관 발렌슈타인, 파면과 암살
1635~1648년	스웨덴과 프랑스 전쟁
1648년	베스트팔렌 평화 조약

프라하 성에서 내려다본 시내 전경

7. 계몽주의와 계몽된 절대왕정

종교들 간의 다툼은 종파 내부의 갈등 숫자만큼이나 유럽 계몽주의의
개선 행렬에 이바지했다. 주권, 정치 형태, 사회구조는 모든 인간에게
변하지 않고 적용되는 자연적 권리를 기본으로 하는 현대 자연법의 범
위 안에서, 더 이상 신적인 기원이 아닌 자유롭고 동등한 인간들에 의해
맺어진 사회 계약을 기초로 하고 있다.

장 자크 루소

새로운 세계와 인간상이 생성되고 자연과학에 기초하여 변화하는 것이 계몽주의의 정신적 토대이다. 아이작 뉴턴(Isacc Newton, 1642~1727년)으로부터 구체화되는 물리학은 자연 법칙에 의해 규정된 세계 건설을 탐구하고, 천문학은 지구가 더 이상 우주의 중심이 아니라는 것을 인식하며, 의학은 인간을 다른 생명체와 더불어 자연의 일부라고 고찰하였다. 인간은 더 이상 자신들을 신의 창조물의 절대적 결정체로 보지 않는다. 오히려 이성은 인간에게 세계를 인식할 뿐 아니라 군림할 수 있는 능력을 나누어 준다.

18세기 프랑스의 계몽주의는 국가에 대한 비판의 목소리를 강하게 높였다. 데니스 디드로(Denis Diderot, 1713~1784년)와 장 밥티스트 르 롱 달랑베르(Jean Baptiste le Rond d' Alembert, 1713~1783년)는 자신들이 만든 35권의 백과사전에서 국가와 교회에 대해 계몽주의적 비판을 가하였다. 천재 수학자이며 동시에 예리한 철학자인 데카르트(Decartes, 1596~1650년)가 계몽주의의 선두적 사상가가 되는 동안, 장 자크 루소(Jean Jacques Rousseau, 1712~1778년)는 국가에 대한 비판을 보편적인 문명 비판으로 확대하고 급진적 민주주의 모범을 사회계약 이론으로 발전시켰다.

독일에서는 대영제국과 프랑스와는 달리 계몽주의 운동이 지연되었

다. 다른 유럽 이웃 국가들에 비해 독일의 요구 사항은 다소 검소하였
다. 독일의 특징은 계몽된 절대왕정의 형성이었다. 독일 계몽주의 대표
자는 의심할 여지없이 쾨니히스베르크 출신의 철학자 이마누엘 칸트
(Immanuel Kant, 1724~1804년)로, 1783년에 발표한 논문에서 계몽주
의를 '인간이 스스로 자초한 미성숙에서 벗어나는 길'이라고 적절한 정
의를 내렸다.

❓ 알고 넘어가기

라틴어의 '이성(ratio)'에서 기인하는 합리주의(Rationalism)는 프랑스에서 르네 데카르트에 의해
창시되었다. 전해오는 지식을 그냥 받아들이는 것이 아니라 모든 것에 비판적으로 회의를 품는 그
의 방법은 합리주의의 기초를 형성하였다. 그의 유명한 명제 '나는 생각한다. 그러므로 나는 존재
한다.'로 인간의 이성은 가능한 현실인식의 유일한 원천으로 끌어올렸다.
18세기 후반부에 절대적 왕권과 계몽된 절대군주제라는 계몽주의 이념이 긴밀한 유대 관계를 맺
으며 발전하였다. 계몽주의의 영향은 통치권의 적법성이라는 새로운 형태를 보여준다. 전통적인
절대왕정이 주권을 '신의 은총'으로 정의하는 반면, 계몽된 절대왕정의 대표자들은 자신들의 위
치를 국민의 행복을 위한 중재라고 밝혔다. 프로이센의 프리드리히 2세(1712~1786년)는 자신을
국가의 '첫 시종'이라고 표현하였다. 그로써 주권을 굳히는 이성적인 방법은 군주와 국민 사이에
의무로 규정된 계약 관계를 인정하게 만드는 것이었다. 그러나 그런 왕정의 주권 형태는 문제시
되지 않았다.

8. 현대 입헌주의 국가로 발전하는 영국

17세기 동안 절대왕정은 유럽 전역에서 확고한 지위를 다졌다. 그에
반하여 절대군주제와 의회정치 사이에 갈등이 일어나는 영국에서는 현
대 입헌주의 국가로의 기초를 다졌다.
올리버 크롬웰(Oliver Cromwell, 1599~1658년)이 영국 섬에서 독재

빌헬름 폰 오라니엔

자가 되자 왕정이 재실시되었다. 처음에 크롬웰은 하급 시골 귀족들의 대표였으며, 1640년에서 1650년까지 국회의원을 지냈다. 1642년 시민전쟁의 전지(前地)에서 왕당파에 대항하여 국회를 사수하기 위해 기병대를 모았다. 전장에서의 뛰어난 능력을 인정받아 1644년 공화국 군대에서 두 번째 높은 지휘관인 육군중장에 임명되었다. 1649년 찰스 1세(1600~1649년)가 의회에서의 권력을 포기하고 참수된 후 크롬웰은 독재로 통치하는 호국경의 위치에 오르게 되었다. 영국 역사에서 그는 독재자라기보다는 시민전쟁 후 혼돈과 무정부 상태로부터 국가를 수호한 애국자로 간주되고 있다. 그러나 절대군주제의 승리는 그리 오래가지 않았다.

1) 의회주의의 개선 행진

1688년 명예혁명으로 왕정이 폐지되지는 않았으나 네덜란드 총독 오렌지 공(公) 윌리엄(1650~1702년)은 계약상 의회에 매여 있었다. 의회주의의 개선행진을 위한 또 다른 중요한 초석은 1628년의 권리청원(Petition of Rights), 1673년 심사령(Test Act, 審査令, 모든 관리의 국교 신봉을 선서시킨 조령—옮긴이), 1769년 인신보호령(Habeas corpus Act)이다. 인신보호령이란 일반적인 개인의 자유를 독재적으로 구속하는 것에 반대하는, 개인주의를 보호하기 위한 법령이다.

권리장전(Declaration of Rights)이 이런 발전의 정점을 명시하고 있다. 권리장전은 새 국왕과 주권을 가진 국민의 이름으로 교섭하는 의회 사이에 명시된 계약이다. 의회는 존 로크(John Lock, 1632~1704년)의 국가이론에 따라 입법부, 조세 징수 동의권, 국가 예산 소비에 대한 감시, 내각의 책임을 넘겨받고, 자유 선거권과 언론의 자유 권리에 대해 책임졌다. 국왕은 국가의 원수이며 행정상의 권력을 처리할 수 있었다. 그러나 양당 체제에도 불구하고 민주주의 제도는, 영국의 선거권이 토지소유와 높은 소득과 연관이 있기에 제한적 의미 안에서만 중요했다. 상원의원직은 세습되었다. 그러므로 정치적 권력은 소위 70개 정도의 금테 두른 가문의 전유물이 되었던 것이다.

❗ 영국의 입헌주의 국가로 가는 길

1215년	마그나 카르타(Magna Carta, 대헌장)
1642년	왕과 의회 사이의 시민전쟁 시작
1649년	찰스 스튜어트 1세 유죄 선고와 처형
1651년	크롬웰의 항해조례
1679년	인신보호령
1688~1689년	명예혁명과 권리장전

9. 루이 14세 통치하의 프랑스 절대주의와 스페인 왕위 계승 전쟁

17세기가 지나는 동안 프랑스의 절대주의는 전 유럽 군주와 국왕들의 모범이 되었다. 리슐리외(Richelieu, 추기경, 1585~1642년)는 프랑스에서 개혁파의 특권을 없애고, 마자랭(Mazarin, 1602~1661년)은 상류층의 권력을 폐지했다. 상비군과 일관된 권력의 중앙집권은 전제주의로 통치하는 루이 14세(1638~1715년)에게, 이미 지고 있는 별 스페인과 삼십년전쟁으로 지친 독일 제국에 대항하는 팽창 외교정책을 가능하게 했다.

프랑스 경제는 철저히 국가에 예속되어 있었다(중상주의). 식민지는 오로지 원료 공급원과 확실한 판매시장으로 이용되었다. 가능한 싼값에 생산하기 위해서 생필품의 가격은 낮게 책정되고, 곡물 수출은 엄격히 금지되었다. 중상주의 체제가 국내 농업에 불리하게 돌아가는 동안, 프랑스 공업 생산은 장려되고 세관을 통해 보호되었다. 국가의 중심에 태양왕이 존재하였다. 궁중의 무절제한 사치는 왕의 권력과 위엄을 표현하는 수단이다. 프랑스 바로크 양식은 전 유럽으로 퍼져 나갔다. 의회와 귀족의 권력은 그에 비해 급속히 줄어들었다.

1) 프랑스의 몰락

프랑스가 루이 14세 통치 아래 유럽에서 짧게나마 주도권을 잡기는 하지만, 스페인 왕위 계승 전쟁과 함께 이미 그 몰락은 시작되었다. 영국의 지휘 아래 프랑스에 대한 세계전쟁이 일어나고, 이는 1713년 위트레흐트(Utrecht) 평화 조약과 1714년 바덴 조약으로 끝났다.

스페인 합스부르크 왕가의 왕위는 영국의 의도대로 열강들 세력 균형에 맞춰 나뉘어졌다. 루이 14세의 손자 펠리프(1683~1746년)가 식민지를 포함한 스페인을 물려받았지만 계약 규정에 따르면 결코 프랑스와 합쳐서는 안 되었다. 오스트리아는 스페인령 네덜란드와 밀라노, 나폴리, 사르디니아 섬을 얻었다. 영국은 지브롤터 해협인 지중해로 가는 입구를 차지하였다. 스페인의 식민지는 영국 무역에 개방되고, 이때 아시엔토(Asiento) 특약을 통해 노예무역이 중요한 역할을 차지하였다.

❗ 프랑스의 연표

1624~1661년	리슐리외와 마자랭이 재상으로서 주도적인 기능
1661~1715년	루이 14세 통치 기간
1667~1683년	무수한 전쟁과 재결합을 통한 프랑스 팽창 시기
1701~1714년	스페인 왕위 계승 전쟁

10. 루이 14세 시기의 동유럽의 발전

루이 14세 통치 아래 프랑스가 팽창하던 시기 동안 오스트리아에서는 정치적 정세에 극심한 변화가 있었다. 세계 역사 속에서 오스트리아의 업적은 무엇보다 이슬람 정복으로부터 서양을 지켜낸 것으로써 영토를 사브(Save)와 카르파텐(Karpaten)까지 확장하였다.

러시아는 오스트리아와 나란히 새로운 열강으로 부상하였고, 스웨덴은 오스트제(Ostesee, 동해) 진지를 잃었다.

폴란드 왕위는 작센 선제후에게 넘어갔으며, 동유럽과 러시아는 유럽 역사의 진전에 있어서 현대적인 유럽의 초석이 되었다. 동시에 차후 유럽 역사를 결정적으로 형성하게 될 수많은 갈등의 씨앗이 되었다. 폴란드와 러시아, 러시아와 오스트리아의 긴장된 영역 외에도 터키 · 러시아 · 오스트리아 사이에 강력한 대조를 이루었다.

! 세계사 연표

1683년	터키의 비엔나 포위망 철수. 5차 터키 전쟁(1699년까지)
1697년 작센과	폴란드는 인적 동군 연합(한 군주 밑에서 둘 이상의 독립국 통치 — 옮긴이)으로 합일
1682~1725년	피터 대제가 러시아에서 광범위한 개혁 실시
1700~1721년	스웨덴 북방 전쟁 실시

11. 열강으로 진출하는 프로이센

일명 군사왕으로 불리는 프리드리히 빌헬름 1세(1688~1740년)는 아들에게 최상의 정예부대를 마음대로 부릴 수 있을 정도로 부단히 성장하고 있는 국가를 물려주었다. 프리드리히 2세의 국내 정치 개혁과 외부 정책의 성공은 제지할 수 없을 만큼 프로이센의 전진을 이끌어냈다.

상류귀족의 권리만 없앤 것이 아니라 재정 정책, 행정, 관료주의를 새롭게 정비했다. 군대와 관료주의 우위로 인해 국가에 충성하는 국민들은 감명을 받는다. 프로이센은 관료 절대국가가 되고, 그 안에 있는 모든 것은 국민을 위해 존재할 뿐만 아니라 국민으로부터는 아무것도 원하지 않았다. 이런 의미에서 프리드리히 국왕은 자신을 국가의 첫 번째 심복으로 여겼다. 계몽된 절대왕정에 대한 그의 이해력은, 한편으로는 기사단 국가의 위계질서의 특징을, 다른 한편으로는 7년 동안의 전쟁에서 엄격하게 조직된 프로이센 군대가 영광스럽게 지켜온 강한 봉사정신을 유지하고 있었다.

오스트리아는 국본칙령(國本勅令, Pragmatic Sanction)으로 여성 상속을 지키려고 하였다. 그러나 프랑스의 후원으로 작센과 바이에른도 상속권을 주장하고 나섰다. 그에 따라 프리드리히 2세는 슐레지엔을 차지하였다. 프랑스 · 스페인 · 바이에른과 작센이 그와 동맹을 맺자, 영국은 오스트리아와 동맹을 맺었다. 영국과 프랑스 간의 갈등은 유럽으로 퍼져 나가고 1748년 아헨 평화 조약을 통해 해소되었다.

! 프로이센의 상승

1640~1688년	프리드리히 빌헬름 1세, 대선제후(1620~1688년)
1660년	올리버(Oliva) 평화 조약, 프로이센은 주권국가가 됨
1701년	프로이센은 왕국이 됨
1713~1740년	프리드리히 빌헬름 1세, 군사왕(1688~1740년)
1740~1786년	프리드리히 2세(1712~1786년) 대제 계몽된 절대주의 양식으로 통치
1740~1780년	오스트리아 마리아 테레지아(1717~1780년)
1756~1763년	칠년전쟁
1772년	폴란드 첫 번째 분할

슐레지엔은 프로이센 소유로 남게 되었다. 그러자 오스트리아는 프로이센을 되찾기 위해 러시아, 프랑스, 스웨덴, 작센과 동맹을 맺었다. 프로이센은 영국의 도움으로 전쟁을 견뎌낼 상황이 되었다. 프리드리히 2세가 로스바흐에서 거둔 승리는 프랑스에 대한 중요한 개가를 의미하며, 프로이센의 위신을 높였다.

반면 프랑스의 식민지 정책은 실패로 끝났다. 그 이후 프로이센은 러시아와의 관계를 개선하고자 노력하였다. 그러나 오스트리아와 프로이센의 대립은 계속 첨예해졌다. 독일에서의 패권을 향한 두 적수 사이의 투쟁은 결국 백 년이 넘어서야 끝났다.

12. 북아메리카 독립전쟁

아메리카 이주민들은 영국 식민지 지배에 대항하여 의회에 대표를 요구하고 영국의 지나친 세금에 대해 '대표 없이 세금 없다(No taxation without representation)'는 이의를 제기하였다. 1773년 영국인들이 차에 대한 세금을 올린 보스턴 차 사건으로 갈등이 깊어졌다. 이에 13개 식민지가 영국에 대항하여 무장 봉기를 일으켰다. 독립운동이 승리한 후 베르사유 평화 조약으로 영국은 물론 13개의 아메리카 국가와 미시시피까지 세력권에서 벗어나게 되었다.

북쪽에서는 대양이 미합중국 영토의 경계를 정하였다. 플로리다는 스페인에 되돌려주었다. 미합중국은 세계에서 최초로 설립된 민주주의 연방국가다. 유럽에서는 자유주의자들이 현대적인 자유 이념을 모범적으로 구현하였다고 평가하였다.

독립선언문

❗ 북아메리카 독립 과정	
1760년	북아메리카에서 영국이 프랑스에 승리
1763년	파리 평화 조약
1775~1783년	독립전쟁
1776년	독립 선언
1783년	베르사유 평화 조약
1786년	연합국 헌법

13. 프랑스 대혁명

   프랑스 대혁명으로 유럽의 절대왕정은 무너지게 되었다. 루이 16세 (1754~1793년)의 무절제한 궁정생활은 엄청난 국가 재정 적자로 이어졌다. 파리의 프롤레타리아(무산계급)는 왕에게 대항하여 봉기하고 1789년 7월 14일 바스티유 감옥 습격을 감행하였다. 파리의 정치 감옥인 바스티유 감옥은 국민들에게 있어 압제의 대표적 상징이었다. 혁명이 계속되면서 국왕은 1793년 1월 21일 처형당하였다. 프랑스는 권력 분배에 기초한 왕정이 되었다. 입법은 의회의 손에 있고, 국왕은 단지 거부권만 가졌다.

   1791년 시민 헌법, 1793년 급진 민주주의 헌법 뒤에 1795년 세 번째 헌법이 가결되었다. 그 특징은 1791년의 첫 번째 헌법에 의거하고 있으나 공화국 국가 형태가 계획되었다. 나폴레옹 통치 아래 의회정치는 나폴레옹의 민법 (Code civil)이 모든 시민의 절대적인 권리 평등을 보장해주는 동안, 외관상 수호하는 집정정부로 공포되었다.

바스티유 감옥 습격

1) 프랑스 대혁명의 결과
   프랑스 대혁명은 근대에 있어

나폴레옹 1세 황제 즉위식

명백한 세계사적 분기점이라고 할 수 있다. 그 외적 영향은 엄청났다. 구정치 질서가 지위를 유지하는 곳은 물론이고 새로 자리를 잡아가는 곳에서조차도 1789년의 휴지기로 인해 근본마저 흔들리고 대혁명의 원칙을 따라야 하는 위협에 시달렸다.

자유주의의 원칙은 유럽 전체에만 퍼진 것이 아니다. 프랑스 대혁명의 면 영향은 라틴아메리카에까지 닿았다. 그 결과 1810년에서 1825년까지 프랑스의 전형을 따라 스페인 식민지 권력에 대항하여 독립전쟁을 성공적으로 이끌었다. 그 이후 권력 분배와 인권 선언은 전 세계적으로 자유주의 국가 구성의 초석이 되었다.

나폴레옹 1세 러시아 출정

세계사 연표

1789년	3부(성직자, 귀족, 제3계급)회의가 국민회의로 전환. 7월 14일 바스티유 감옥 습격
1791년	첫 번째 헌법
1792년	튀일리 궁전 습격과 왕정 폐지
1793년	국민의회 결의로 루이 16세 처형. 자코뱅 헌법
1795년	바젤 평화 조약. 1799년까지 집정내각. 나폴레옹(1769~1821년)이 왕당파 반란 진압
1799년	나폴레옹 쿠데타, 1804년까지 집정관

14. 나폴레옹의 출세와 몰락

잠시 동안이나마 유럽에서 가장 큰 권력을 지녔던 나폴레옹은 1769년 코르시카 섬에서 명망 있는 변호사의 열두 아이 중 한 명으로 태어났다. 이미 아홉 살의 나이로 브리엔느의 군사학교에 들어가 열여섯 살에 우수한 성적으로 졸업하였다. 장교 교육을 받고 난 후 1792년 대위에 임명되고 여러 번의 반란 진압에 참가하였다. 대망을 품고 있던 그는 곧 까다로운 임무를 수행하게 되었다. 프랑스는 영국과 전쟁 중이었으며, 나폴레옹은 영국군에 점령당한 툴롱 시를 해방시켜야 했다. 수적인 열세와 부족한 장비에도 불구하고 나폴레옹의 군대는 영국군을 제압하였다. 압도적 승리를 거둔 나폴레옹은 겨우 스물네 살의 나이로 여단장에 임명되었으며, 프랑스인들의 새로운 민족 영웅이 되었다.

그는 곧 상사들의 신임을 얻었다. 그리하여 이탈리아 주둔 프랑스 전역의 최고사령관에 임명되었다. 그곳에서 강력한 오스트리아 군대와 교전하게 되었는데, 이 전쟁 역시 자신에게 유리한 쪽으로 이끌었다. 나폴레옹은 정부에 알리지 않고 프랑스를 위해 오스트리아와 최상의 평화조약을 맺었던 것이다.

파리의 집권 세력들은 국민들에게 대단한 인기를 누리는 나폴레옹을 두려워한 나머지 무의미한 전투를 핑계로 그를 이집트로 보냈다. 그곳에서 프랑스 함대는 초반에 승리를 거두다가 넬슨 제독이 이끄는 영국한테 압도적으로 패배하였다. 1799년 프랑스로 귀환한 나폴레옹은 조국의 비참한 현실을 보게 되었다.

1) 나폴레옹의 전쟁

국가는 전쟁과 혁명으로 폐허로 변해 있었다. 수년간의 시민전쟁으로 지칠 대로 지친 국민들은 다시 안정과 질서를 되찾을 강한 지도자를 갈망했다. 그런 이유로 나폴레옹은 별다른 수고 없이 독재정권을 무너뜨리고 임시정부의 수반이 되었다. '최고집정관'으로 5년을 보낸 다음 유럽 절반을 정복하기 위해 스스로 황제의 자리에 올랐다.

틸지트(Tilsit) 조약 이후 오직 영국만이 프랑스에 대해 계속 저항하였다. 그래서 그는 대륙 봉쇄로 영국을 궁지로 몰아넣을 작정이었다. 그러나 영국의 역봉쇄로 결정적인 성과를 거두지 못했다.

전 유럽에서 전횡적인 정복 활동 외에도 대부분 억지로 형성된 왕국이며 강제 동맹국들로 기초된 나폴레옹식 체계는 지속적인 질서를 세울 수 없었다. 오스트리아 황제의 딸 마리 루이제 (1791~1847년)와 결혼해서 자신의 주권을 대외적으로 인정받으려던 시도는 정치적으로 성공을

나폴레옹 1세

거두지 못하였다. 그 사이 나폴레옹의 전쟁은 점점 더 많은 국민들이 피를 흘리며 희생하게 만들었다. 러시아 출정은 장비와 보급품의 부족, 광범위한 영토, 모스크바에 불을 지르는 것처럼 결정적인 전투를 피하는 러시아의 현명한 전략으로 실패하였다.

러시아 출정으로 천재적인 전략가로 평가받던 프랑스 황제는 중요한 실수를 저지르게 되었다. 군사 대부분이 굶어 죽거나 얼어 죽었던 것이다. 그런 탓에 연대의 겨우 4퍼센트 정도만 파리로 돌아왔다. 전쟁으로 지친 국민들의 원성을 더 높여줄 또 다른 참담한 실패가 뒤따랐다. 1813

년 라이프치히 전투로 그의 전성기도 잠정적으로 끝났던 것이다.

나폴레옹은 프랑스 수반에 귀환한 후 잃어버린 통치권을 다시 강화하기 위해 마지막 시도를 하였다. 그러나 워털루 전쟁에서의 처참한 패배로 종말을 맞이하고, 나폴레옹은 1821년 추방되어 세인트헬레나 섬에서 쓸쓸하게 사망하였다. 자유 전쟁과 나폴레옹 제도의 몰락으로 왕정복고 시대를 맞이하게 되고, 이 시기 유럽 지배층은 시간의 바퀴를 되돌리기 위해 헛된 노력을 계속하였다.

? 알고 넘어가기

시민법(Code Civil)은 나폴레옹 치하에서 발전된 규율. 최초의 시민 법전. 나폴레옹법의 중심 요소는 법전의 명칭대로 모든 인간이 동등하다는 사고다. 그러나 나폴레옹은 이에 여성은 포함시키지 않았다. 시민법은 나폴레옹이 전 유럽에 퍼뜨리면서 현대 사법권의 기초가 되었다.

! 세계사 연표

1799년	나폴레옹의 쿠데타, 집정관
1804년	나폴레옹 황제 즉위
1805년	프랑스에 대항한 영국 · 오스트리아 · 러시아의 세 번째 연합전쟁, 트라팔가 전투와 아우스트리츠 전투
1806년	라인 동맹, 제국 해체, 프로이센과 전쟁, 예나와 아우어슈테트 전투
1807년	틸지트 평화 조약, 대륙 봉쇄
1808~1809년	스페인과 오스트리아에서 봉기
1812년	러시아에서 '대군대' 참패
1813~1815년	나폴레옹에 대한 해방 전쟁
1815년	비엔나 의회, 나폴레옹의 귀환, 워털루 패배

15. 프로이센의 개혁

프로이센은 나폴레옹이 다른 적국을 무찌르고 난 후에야 비로소 전쟁을 하기로 결정하였다. 그 후 예나와 아우어슈테트는 패배하고 그 결과 프리드리히 대왕으로 특징되는 옛 프로이센은 최후를 맞이하였다. 제국 남작 슈타인은 국가와 사회에 광범위한 개혁이 필요함을 인식하고, 1807년 칙령으로 신분 제한에 따른 직업 선택을 폐지하였다. 또한 시민들은 귀족이나 농부의 토지소유를 신청할 수 있게 되었다. 마찬가지로 귀족이나 농부도 도시의 직업을 가질 수 있게 되었다.

❗ 세계사 연표	
1806년	예나와 아우어슈테트 패배로 프로이센 붕괴
1807~1808년	슈타인(1757~1831년)의 개혁
1810년	빌헬름 폰 훔볼트(1767~1835년) 베를린 대학 설립
1811~1812년	하르덴베르크(1750~1822년)의 개혁
1814년	프로이센 병역의무

선견지명을 가진 또 다른 개혁가 하르덴베르크는 프로이센에 영업의 자유를 도입했다. 시민 모두 공공조직에 봉사해야 한다는 슈타인의 원칙에서 샤른호르스트와 그나이제나우가 일반병역 의무제를 주장하였다. 프로이센의 개혁을 통해 일반 시민들의 책임의식과 민족의식은 대단히 고무되었다. 그로써 나폴레옹의 외부 통치에 대한, 프로이센의 봉기를 위한 중요한 정신적 기초가 형성되었다.

16. 비엔나 회의와 왕정복고 시대

프랑스 혁명의 결과로 구질서가 흔들리고 난 후 비엔나 회의를 통해 지속적인 유럽 평화법규가 작성되었다. 또한 권력의 균형이 회복되고 조약으로 안전장치가 마련되었다. 폐위된 국가에서는 합법적인 정부가 다시 설치되었다.(구체제의 부활, 왕정복고) 회의의 목적은 분명 민족주의와 자유주의의 반대에 있었지만, 적어도 유럽에서 오랫동안 평화적인 시기를 유지한 셈이었다.

'독일 내외적 안전의 유지와 독일 각 주의 독립과 신성불가침'을 목적으로 1815년 독일 동맹이 창설되었다. 오스트리아·프로이센·러시아가 왕정복고의 선두로 이른바 신성 동맹(Heilige Allianz)을 맺었다. 왕정복고와 반대로 유럽 여러 지역과 대서양 반대편, 라틴아메리카 같은 곳에서 자유 민족 운동이 형성되었다. 독일 초기 자유주의들은 통일

비엔나 의회

과 자유, 헌법에 근거한 시민의 권리를 위해 힘 썼다. 함 바 흐 (Hambach) 축제에서는 '자유 없는 통일보다는 차라리 통일 없는 자유를'과 같은 구호가 울려 퍼졌다. 그 와중에 그리스는 터키 통치에 대항하여 봉기하였다. 재상 메테르니히 (Klemens von Metternich, 1773~1859년, 비엔나 회의를 개최할 뿐 아니라 왕정복고 운동의 정치적 목적을 누구보다 더 잘 구현한 인물

메테르니히 재상

이다. —옮긴이)는 그리스 독립 투쟁에서 위험한 정치적 실례를 감지하고 발칸 반도의 권력 변화를 두려워하였다.

⚠ 메테르니히 연보

1794년	가족 모두 프랑스 혁명군을 피해 코블렌츠에서 비엔나로 피난
1795년	카우니츠 재상의 손녀와 결혼
1801~1806년	드레스덴과 베를린에서 공사
1806년	파리에서 대사
1809년	오스트리아 외무장관
1810~1848년	국가 재상
1848년	3월 혁명으로 실각

메테르니히와 왕정복고 추종자들은 프랑스 혁명으로 시작된 사회·정치적 진행과정을 오랫동안 저지할 수 없었다. 1830년과 1848년 혁명 기간 동안 독일에서는 구정부와 타협하는 민족주의와 자유주의 이념을

지닌 대표들이 있었다. 그들에게는 국가가 보장하는 자유권과 재산권에 대한 요구가 중요했다. 그들에게 사회적 개념은 아직 낯선 것이었다.

！세계사 연표

1815년	비엔나 회의
1810~1825년	라틴아메리카 독립운동
1817년	독일 학생 학우회가 바르트부르크(Wartburg)에서 축제
1818년/1819년	바이에른, 바덴, 뷔르템베르크에서 헌법 제정
1819년	칼스바드(Karlsbad) 결의안
1820년	스페인과 포르투갈에서 자유주의 혁명
1821~1829년	그리스 해방투쟁
1823년	먼로주의, '아메리카는 아메리카인에게'
1830년	프랑스 7월 혁명, 브뤼셀과 독일 일부, 폴란드에서 혁명
1837년	괴팅겐 7교수 사건

17. 1848년 혁명과 프로이센 연합

프랑크푸르트 성 바울 교회에서 자유주의 독일 헌법이 협의되었다. 제후들은 그 사이 몇몇 자유주의자들의 봉기를 진압하였다. 독일 통일의 결정적인 적수인 오스트리아는 국민운동에 대해 승리를 거둔 후 프로이센의 통일 계획을 무산시켰다. 1848년 3월에 중소 국가에서는 국민들의 압력으로 자유주의 내각이 설치되었다. 보헤미아 · 오스트리아 · 헝가리에서는 국회가 설치되고, 그에 따라 메테르니히는 도망쳤다. 프로이센 국왕의 '파텐트(Patent, 연방개혁과 언론의 자유)'는 때를 놓치게 되었고, 국왕은 국민들에 의해 항복을 강요받기에 이르렀다. 그리하여 새 헌법에서 오스트리아를 제외한 소독일 해결안이 표결에 부쳐지게 되었다. 오스트리아는 소독일 해결안에 반대하고, '올뮈츠(Ölmütz) 협정'으로 프로이센이 이를 다시 부결하도록 강요하였다. 결국 프로이센과 오스트리아 대립은 군사적으로 해결할 수밖에 없었다. 적어도 바울교회 헌법을 통해 시민의 권리는 최초로 입법에 의한 방식으로 제정되었다. 시민계급은 독일 통일을 위해 용감히 맞서고 혁명도 불사했다.

1월에 이웃나라에서 일어난 혁명으로 프랑스는 시민 공화국이 되었다. 나폴레옹 1세의 조카 루이 나폴레옹이 첫 대통령이 되었던 것이다. 1848년 1월에 독일에서는 권위 있는 새 헌법이 공포되었다. 같은 해 3월 오스트리아에서도 비슷한 일이 일어났는데, 독일 민족 국가는 오직 오스트리아의 의도를 거역할 때 이루어질 수 있는 일처럼 보였다.

18. 산업혁명과 사회문제

산업혁명은 18세기 영국에서 처음 시작되고, 19세기가 흐르면서 유럽 대륙으로 퍼졌다. 인구 성장과 이농(離農) 증가, 기술 발명은 근본적인 사회 변화에 이르는 발전을 장려하였다. 그러므로 산업혁명은 현대로 향하는데 있어서 프랑스 혁명 못지않게 중요하다.

산업화를 통해 자본을 소유한 기업가와 무산 계급의 노동자로 이분화된 사회계층이 생겨났다. 이때 자유주의는 사회적으로 약한 자들을 위한 사회복지 의무를 염두에 두지 않았고, 노동자는 최소한의 임금으로 긴 노동 시간에 시달렸다. 그에 따라 심각한 사회적 동요가 일어났다.

공장지대

기독교 경향의 개혁가 요한 하인리히 비헤른(Johann Heinrich Wichern, 1808~1881년)과 아돌프 콜핑(Adolf Kolping, 1813~1865년)은 곤경에 빠진 노동자들을 위한 구호 단체를 설립하였다. 그와 정반대로 급진적인 정치사상가 마르크스(Marx, 1818~1883년)는 혁명을 외치고 자신의 마르크스주의를 억압된 노동자들의 구원론으로 선전하였다. 그는 자본주의는 얼마 안 가서 스스로 파멸하는 반면 '프롤레타리아 독재'는 마르크스주의에 따라 노력하는 무산 계급 사회의 최종 목적지를 형성한다고 주장했다.

19. 비스마르크와 제국 설립을 향한 길

오스트리아의 점차적인 쇠락과 이탈리아의 통일은 독일 통일에 대한 희망을 강화시켰다. 독일에는 노련한 정치적 수완으로 황제 제국 건설이라는 정치적 업적을 성공시킬 정치가 비스마르크가 있었다.

그가 재상으로 있는 동안 처음 북독일 연맹에서 제국 헌법이 제정되며 제국 건설이 준비를 갖추었다. 그 이전에 비스마르크는 덴마크 문제로 오스트리아를 선동하여 동맹국 프로이센과 갈라지게 만들었다. 그 뒤 이어지는 프로이센과 오스트리아 간의 독일 전쟁에서 세력 균형의 새 질서가 확립되었다. 또한 독일 남부 국가와 프랑스의 영토 요구에 대한 반동으로 독일 전쟁에서 중립을 지키기로 공수 동맹을 맺었다. 스페인 왕위 계승을 둘러싸고 프랑스와 프로이센 사이에 외교 분쟁이 발생하자, 비스마르크는 위험한 정치적 내용을 포함하는 엠스 전보 사건을

베르사유 궁전에서 황제로 포고함

일으켜 프랑스 황제 나폴레옹 3세(1808~1873년)로 하여금 프로이센에 전쟁을 선포하게 만들었다.

1) 독일 황제 제국

독일은 프랑스와의 전쟁(1870~1871년)에서 남부 독일 국가들의 도움을 받아 승리하였다. 그리하여 1871년 1월 18일 베르사유 궁전에서 독일 황제 제국이 선포되었다. 비스마르크는 제국 창건 이후 독일에 대해 '만족할 만하다.'고 표현하였는데 더 이상 영토에 대한 권리 주장이 제기될 수 없었다. 그의 목적은 철천지원수 프랑스를 고립시켜 독일 제국의 주도권을 지키는 것이었다.

그가 고안해낸 동맹 정책은 황제 빌헬름 2세에 의해 목적을 이루는데 성공하였다. 국내 정책으로는 입헌주의 제도를 지향하였고, 재상은 제국의회의 신임으로 독립적이기 때문에 정당 위에 존재하였다. 초기에는 비스마르크와 민족자유주의자들이 함께 통치하였다. 소위 문화 투쟁(교회를 통한 정신적 후견인 투쟁)에서 비스마르크의 정책이 실패한 뒤 그는 보수당과 중앙당에 의지하였다. 그로써 이들과 자신의 보호관세 정책과 사회보장법을 실현할 수 있었다.

사회주의자들은 비스마르크를 국민의 적으로 여겼다. 사회주의자들에 대한 비스마르크의 억압조치가 효과가 없자, 그 뒤에 비스마르크가 제기한 전 유럽에 모범이 되는 사회보장법을 입법시켰다. 비스마르크의 대외 정책상 '숙달된 곡예술'의 결과로 이어지는 독일 동맹 방위는 해양 독일 식민지 건설도 가능하게 하였다. 그러나 그리 오래 지속되지는 않았다.

! 세계사 연표

1858~1888년	빌헬름 1세(1861년까지 왕자 섭정, 1871년 독일 황제 즉위)
1862년	비스마르크 재상
1864년	오스트리아와 프로이센, 덴마크와 전쟁
1866년	프로이센, 오스트리아와 그 동맹국과 전쟁
1867년	오스트리아 · 헝가리 이중제국 탄생, 북독일 연맹
1869년	베벨(Bebel)과 립크네히트(Liebknecht)가 사회민주노동자당(Sozial Demokratische Arbeiter Partei) 설립
1870년/1871년	독일과 프랑스 전쟁
1871년	제국 설립과 황제 선포, 문화 투쟁
1873년	오스트리아 · 헝가리, 러시아, 독일 제국 삼제(三帝) 협정
1875년	독일 일반 노동자 연맹과 SDAP는 박해 압력 속에서 사회주의독일노동자당 (Sozialistische Deutsche Arbeiter Partei)으로 합일
1878년	보호관세법 제정, 사회주의자법, 베를린 의회
1879년	독일과 오스트리아 · 헝가리 2국 동맹
1882년	독일, 오스트리아 · 헝가리, 이탈리아 3국 동맹
1884/1885년	독일 식민지 건설
1887년	러시아와 재보장 조약 체결
1890년	사회주의자법 폐지
1891년	사회주의 독일노동자당은 독일사회민주주의당(Sozial Demokratische Partei, SPD)으로 개명

20. 영국 빅토리아 여왕 시대

영국의 빅토리아 여왕

영국은 나폴레옹과의 전투에서 해상권을 획득하고 성공적으로 식민지 제국을 확장해나갔다. 1842년 홍콩, 1858년 인도, 1878년 사이프러스, 1882년 이집트, 1884년 영국령 뉴기니와 소말리아, 1885년 동아프리카와 베츄안(Betschuan), 1888년 로데시안(지금의 잠비아), 1899년 수단, 1902년 부르(Bure)공화국(지금의 남아프리카, 나미비아 지역).

영국은 산업국가로 발전하는데 있어서 유럽 대륙보다 수세기나 앞서 있었다. 1837년에 시작된 빅토리아 여왕(1819~1901년) 통치 기간에 경제 · 정치 · 문화의 전성기를 맞이하였다. 국내 정책으로 양원 체제가 완성되고, 외부 정책으로 대륙이 변화무쌍하게 발전하였다. 그에 비해 다른 유럽 국가들로부터 떨어져 캡슐 안에 들어가 있는 '화려한 고립(Splendid Isolation)' 정책이 펼쳐졌다.

❗ 세계사 연표

1832년	첫 번째 의회 개혁
1837~1891년	빅토리아 여왕 통치 아래 영국은 전 세계에서 주도적인 무역, 경제 세력으로 성장

1867년	**두 번째 의회 개혁**
1868~1894년	**디즈레일리(Disraeli, 1804~1881년)와 글래드스턴(Gladstone, 1809~1898년), 영국 정치에서 가장 중요한 핵심인물**
1884년	**세 번째 의회 개혁**

21. 제국주의 시대

구 열강들은 새로운 판매 시장을 찾아 국경 너머를 살피고, 미국과 같은 새 열강은 멕시코 만과 태평양을 압박하며 동참하였다. 제국주의는 정치적으로 단일 민족국가를 벗어나는 통치 영역까지 겨냥하였다. 주도권을 향한 노력 안에는 경제 · 정치 · 종교 · 이념상의 동기들이 서로 숙명적인 방식으로 혼합되어 있었다.

아메리카인들은 자신들을 인디언들에게 기독교를 전해주러 온 순례자의 후손이라 여겼다. 동시에 전 세계적으로 자유와 평등, 인권을 엄수하는 선구자로 본 것이다. 이런 구실로 다른 민족을 정복하고 정치적으로 억압하는 것이 합법적이라고 생각했다.

미국은 1867년 러시아의 일부인 알래스카를 사들이고, 1898년 사모아 일부를 재획득했을 뿐 아니라 1898년 쿠바와 필리핀을 정복하고, 같은 해 하와이를 합병하였으며, 중앙아메리카에서도 패권을 차지하였다.(1881~1914년 파나마 운하 건설)

1) 세계적 긴장의 무대

제국주의 시대의 팽창 계획으로 인해 식민지 정복 세력들이 몰두한 또 다른 긴장의 무대는 지극히 다양해졌다. 영국의 무수한 식민지 활동 외에 독일은 스페인으로부터 캐롤라인, 마리안느, 팔라우 섬을 획득하게 되었다. 일본은 미국의 압력으로 외부 세계에 대한 고립을 끝내고 만주·북중국·한국으로 팽창을 시도하였다. 그리고 러일 전쟁에서 승리한 후 아서 항구와 한국, 남사할린에 대한 지배권을 획득하였다.

이탈리아는 에티오피아 정복을 실패한 이후 프랑스의 동의로 트리폴리스(Tripolis) 취득을 준비하였다. 프랑스는 대륙에서의 계획을 위해 수단을 포기하였다. 러시아의 팽창 기도는 동아시아, 페르시아 만과 해협으로 향하였다.

전 세계적으로 긴장감이 흐르는 새로 생성된 무대가 너무도 다양하다 보니 비스마르크식의 대륙 동맹 정책은 불가능하게 되었다. 비스마르크는 파면되었지만, 젊은 황제 빌헬름 2세(1859~1941년)의 정책에는 특별한 목적이 없었다. 그의 통치 아래 조직적으로 행해지는 군비 확장은 외국의 의심을 불러들였다. 제국은 티롤 남부에서 증가하는 긴장 상태와 오스트리아 내부의 국적 문제로 극심한 위협을 받고 있는 3국 동맹에 의지하게 되었다.

❗ 세계사 연표

1888년~1918년	빌헬름 2세
1890년	비스마르크 파면, 재보장 조약이 다시 체결되지 않음
1894년	프랑스와 러시아 동맹
1898년	쿠바를 둘러싸고 스페인과 벌인 전쟁으로 미국의 세계 정책 시대가 열림
1902년	영국과 일본 동맹
1905년	러시아, 일본과의 전쟁에서 패배
1904년/1907년	프랑스, 러시아와 영국 협상

VI

20세기

20세기 안에서의 역사 연구는 최근에 일어난 사실과 현대사를 구별하였다. 가장 최근의 역사는 20세기 역사 발전에서 가장 중요한 사건인 제1차 세계대전(1914~1918년)과 10월 혁명(1917년)으로 시작하였다. 제2차 세계대전의 종말과 냉전 시작, 탈식민지화의 시작으로 그 이후 현대사가 시작되었다.

베를린 장벽

1. 시기적 분류

어떤 전쟁에서도 제1차 세계대전에서와 같은 급속한 기술적 진보와 그로 인한 부정적 결과를 볼 수는 없었다. 기관총, 비행기, 탱크, 독가스, 수류탄 같은 혁신은 제1차 세계대전의 전술을 결정짓고, 전쟁 내내 민간인들에게 고통을 감수하라고 요구했다. 전쟁이 끝났을 때(1918년) 수많은 전선에서 수백만 명의 군인들뿐만 아니라 대다수의 민간인들도 전쟁 때문에 사망하였다.

1) 두 번의 세계대전

바이마르 공화국이 넘어간 후 아돌프 히틀러를 통한 민족사회주의당이 권력을 잡게 되고 제2차 세계대전이 일어나게 되었다. 독일의 시각으로도 가망 없어 보이던 전쟁 중에 반제(Wannsee) 회의(1942년)에서 유럽의 유태 민족을 조직적으로 말살하기로 결의하였다. 특히 폴란드에 집단학살 수용소가 여러 곳 세워지고, 그곳에서 유럽의 유태인들을 추방하고 살해하였다. 민족사회주의자들의 광기는 6백만 명의 유태인 목숨을 앗아가는 끔찍한 결과를 가져왔다.

2) 냉전과 세계적 긴장이 감도는 새로운 무대

1945년 제2차 세계대전이 끝났을 때 총 5천만 명이 넘는 사람들이 전쟁으로 인해 목숨을 잃었다. 그중 절반 이상이 민간인이었다. 같은 해 영국 수상 윈스턴 처칠(1874~1965년)은 앞으로 다가올 세계의 이분화를 미리 내다보며, 서방 중심의 국가와 공산주의 동부 구역으로 나누어질 것이라고 '철의 장막'을 예견했다.

윈스턴 처칠

그 후 실제로 다가온 세계적인 정치 사건들은 동서 간의 냉전에서 비롯된 것들이었다. 세월이 흐르면서 냉전은 민주화를 동반하였다. 특히 고르바초프(1931년 출생)의 용감한 정책 덕분에 실질적으로 동구권은 서방에 문을 개방하였다. 또한 독일 재통일과 소비에트연방의 붕괴로 특징되는 냉전의 종식을 불러왔다. 유고슬라비아 전쟁(1991~1995년)을 보면 과거의 동·서 갈등과 남·북 갈등의 결과로 형성된 전 세계적인 긴장이 앞으로 지속될 세계 평화를 위태롭게 하였다는 것을 알 수 있다.

2. 제1차 세계대전

1905~1906년, 1911년의 모로코 위기, 1908~1909년의 오스트리아에 의한 보스니아와 헤르체고비아의 합병, 1912~1913년의 발칸 전쟁은 유럽을 전쟁으로 몰아갔다. 그 결정적인 계기는 1914년 6월 28일 오스트리아·헝가리 황태자 프란츠 페르디난트(1863~1914년) 부처가 사라예보에서 살해되면서였다. 수많은 동맹국 정세는 오스트리아와 세르비아 사이의 갈등을 엄청난 속도로 발전시켰다. 그것은 유럽의 전쟁과 미국의 전쟁 참여의 결과로 이어졌고, 제2차 세계대전으로까지 확대되었다.

유럽은 1914년 정치적으로 이분되었다. 독일, 오스트리아·헝가리, 터키, 불가리아, 이탈리아로 구성된 중간 세력이 프랑스, 러시아, 대영제국, 포르투갈, 다른 약소국의 협약과 대처하였다. 그 외에 오스트리아는 이탈리아, 독일과 3국 동맹을 맺었다.

유럽 내각들은 세르비아에 프란츠 황태자 암살의 책임을 물었다. 그들은 세르비아 정부가 암살자가 속한 비밀단체를 암암리에 묵인했다고 주장했다. 오스트리아는 반세르비아 감정을 이용하여 7월 28일 세르비아에 선전포고를 하기에 이르렀다. 독일은 오스트리아를 지원하였다.

1914년 7월 30일 러시아 황제 니콜라이 2세(1868~1918년)가 러시아

황제 니콜라이 2세와 가족들

군사 총동원령을 내리자, 독일은 비록 전쟁 참모부가 아무런 계획을 세워놓지 않은 상황이었지만 8월 1일 러시아에 선전포고를 하지 않을 수 없었다. 이런 까닭에 독일은 속전속결의 슐리펜(Schlieffen) 작전으로 1905년 공격을 가했다. 그들의 전략을 보면 6주 이내로 전 프랑스를 굴복시키고, 그 다음 모든 전력을 동부 전선으로 보내서 같은 방법으로 러시아를 최단기간에 무찌른다는 것이었다. 독일군은 계획대로 1814년 8월 2일 아무런 선전포고 없이 룩셈부르크를 침략하였다. 전쟁이 진행되는 동안 전쟁에 참가하는 나라의 숫자가 점점 증가하였다. 현대적 기술이 투입되면서 제1차 세계대전은 총력전의 전 단계가 되어가고 있었다.

독일과 오스트리아는 군사력의 약세로 인해 빨리 전쟁이 끝나기를 원했다. 빠른 야전(野戰)으로 연합군을 점령하려 했다. 그러나 프랑스 전장에서 비참한 실패를 맛보아야만 했다. 야전은 진지전(陣地戰)으로 굳어지고, 1914년 말까지 알프스에서 북해 해안을 관통하는 전선이 구축되고, 적군이 넘기 힘든 방벽이 세워졌다. '베르됭(Verdun)의 지옥'이라고 불리는 처참한 전투에서 독일군 전사자는 33만 8천 명이었고, 프랑스군 전사자는 36만 4천 명에 달했다. 1918년 독일의 대공세는 성공하지 못했고, 남아 있던 예비군들마저 모두 투입되었다. 그 뒤에 이어지는 연합군의 역공세는 독일군의 후퇴를 강요했다.

1) 독일 제국의 패배

1917년 4월 6일 오랫동안 고대했던, 협약의 편을 든 미국의 전쟁 참여가 이루어졌다. 이는 군대와 군수품에 신선한 보급품을 조달함으로써 결국 동맹국의 운명을 결정하였다. 1918년 11월에 독일 정치가 마티아스 에르츠베르거(Matthias Erzberger, 1875~1921)가 프랑스 콩피에뉴(Compiègne) 시 숲 속에서 무조건 항복하기로 휴전 협정에 서명하였다. 독일은 점령지 외에도 서쪽 라인 강 왼쪽 전체에서 물러나야 했고, 연합군이 이를 점령하였다. 라인 강 오른쪽으로는 35킬로미터 넓이의 비무장 지대가 형성되었다. 그 밖에도 독일 군대는 새로운 전쟁을 일으키지 못하도록 대규모의 무기와 수송차량, 기차 같은 군수물자를 인도해야만 했다.

전쟁은 대략 천만 명의 희생자를 냈다. 세 국가의 정부가 무너진 후, 평화 회의는 도처에 극도로 가열된 감정과 직면하여, 여전히 존재하는 갈등의 가능성을 잠재우고 중부와 동부 유럽에서 지속적인 새 평화 질서라는 풀지 못할 과제를 정착시켜야 했다. 독일은 전쟁 도발국으로 찍혀 모든 손실과 손해에 대해 책임져야 했다. 그에 대한 반동으로 군사 내부에서는 독일이 이길 수 있었는데 배후에서 사회주의자들이 배신을 했다는(단도 공격) 설이 생겨나기 시작했다. 이는 아돌프 히틀러(Adolf Hitler, 1889~1945)의 정치적 성공에 중요한 밑거름이 되었다.

베르사유 조약은 궁극적으로 한 가지 긴장 상태에만 고정되어 있다

보니, 제2차 세계대전이라는 엄청난 모습으로 폭발하게 되었다. 국제연맹의 창설도 그것을 막을 수는 없었다. 그 이유는 국제연맹 자체가 강대국들의 의견일치에 의지했기 때문이었다. 두 전쟁 사이의 기간은 위기로 가득 차 있었다. 끊임없는 과잉생산과 비양심적인 투기로 1929년 세계 경제 대공황이 일어나고 그에 따른 피할 수 없는 결과로 군비경쟁이 생겼다.

❗ 세계사 연표

1914년	사라예보 암살 사건이 전쟁 발발의 계기가 됨
1914/1915년	동부와 서부 전선에서 진지전으로 굳어짐
1917년	미국의 전쟁 참가, 러시아 혁명
1918년	동맹국 와해, 브레스트 리토브스크(Brest-Litowsk) 평화 조약
1919년	베르사유 조약과 파리 강화회의

3. 러시아 혁명

요제프 스탈린

1917년의 러시아 2월 혁명으로 황제 차르(Zar) 체제가 폐지되고, 10월 혁명에서 볼셰비키 급진 소수파가 봉기하였다. 레닌(1870~1924년)과 트로츠키(Trotzki, 1879~1940년)의 지휘 아래 '프롤레타리아 독재' 체제를 수립하였다.

그 뒤에 '붉은' 볼셰비키주의자들과 '흰' 반볼셰비키주의자 세력 사이에 시민전쟁이 일어나고 결국에는 붉은 군대가 이를 진압하였다.

스탈린(1878~1953년) 체제 아래에서 볼셰비키주의 체제는, 모든 노동력을 대량 산업화와 농촌 경제 집단화에 무자비하게 이용하는 전체주의 국가의 토대가 되었다. 동시에 스탈린은 통치 기간 동안 국민을 잔인하게 억압하고 대외 정책적인 고립을 강행하여 러시아를 세계 강대국으로 이끌었다.

！ 세계사 연표

1917년	2월 혁명과 10월 혁명
1922년	시민전쟁 종결, 붉은 군대의 볼셰비키가 승리
1924년	레닌 사망, 스탈린이 국가의 새 권력자가 됨
1929년	첫 번째 5개년 계획
1936년	소비에트연방 공화국 헌법 제정
1939년	독일과 러시아 조약, 폴란드 4분할

1) 바이마르 공화국

젊은 바이마르 공화국은 막대한 전쟁 보상금 지불에 따른 엄청난 부담에도 불구하고 초반에 정치적 급진 좌파에 대항하여 우파의 위치를 유지하는 데 성공하였다. 그러나 우파 정권은 군주정체를 계획하는 구 군대의 잔여 세력의 도움을 받는 급진 좌파 세력을 억제해야 하는 아주 어려운 상황에 처하였다. 슈트레제만(Stresemann, 1878~1929년)의 유화정책 덕분에 국제연맹에 가입하게 되었다. 그의 죽음과 세계 경제공황 이후 도즈(Dawes) 안(案)으로 만족스럽게 해결되지 못한 배상금 문제의 재조정이 일어났다. 그 대안인 영(Young) 안 때문에 국내에서는 정

심플리치시무스(역주: 17세기 그림멜스하우젠의 소설 주인공의 이름이자 정치풍자 잡지의 이름) 표제, 구스타프 슈트레제만이 대 연정 제국 수상이 되다

치적으로 심각한 동요가 계속되었다.

그러나 계획은 전혀 실행되지 않았고, 급진파들이 권력을 잡게 되었다. 제국의회가 제 기능을 발휘하는 정부를 구성할 형편이 아니었기에 의회는 스스로 해산하였다. 제국의회는 대통령의 비상사태법 도움으로 겨우 공화국 통치가 이루어질 수 있었다.

1932년 5월 30일 브뤼닝(Brüning, 1885~1970년)이 힌덴부르크(Hindenburg, 1847~1934년)를 통해 파면되었다. 우파에 속하는 파펜(Papen, 1879~1969년)은 국가사회주의 독일노동자당(NSDAP, National Sozialistische Deutsche Arbeiter Partei, 나치당)을 얻고 싶어 했지만 자신의 '남작 내각'의 허용조차 얻어내지 못했다. 1932년 7월 선거에서 나치당은 의석을 107석에서 230석으로 끌어올렸다. 파펜은 비상사태법을 이용하여 사회민주주의 프로이센 내각을 해산한 후 파면되고, 슐라이허(Schleicher, 1882~1934년)가 후계자가 되었다. 슐라이허는 나치당을 좌익과 우익으로 갈라놓으려고 시도하였지만 성공하지 못하였다.

11월 선거에서 나치당이 34석의 의석을 잃었지만 슐라이허 내각은 구하지 못하였다. 그 사이 파펜은 히틀러(1889~1945년)를 위해 라인 지방

대실업가들을 얻고, 힌덴부르크로 하여금 1933년 1월 30일 히틀러를 제국 수상에 임명하게 만들었다. 이로써 젊은 공화국은 독일과 전 세계에 치명적인 아돌프 히틀러의 제3제국에 굴복하게 되었다.

4. 세계 권력을 향한 히틀러의 시도

히틀러의 나치 정권 이후 1세기 안에 세계 권력을 향한 독일의 시도가 두 번째로 행해진다. 반유태주의와 정치적 과격화는 내부 정치를 제3제국으로 가도록 길을 마련해주었다. 세계 경제의 안정, 전쟁 보상금 지불 완료, 독일의 군수준비 동등권은 히틀러가 독일의 중심 문제로 실업률을 극복하는데 상당한 도움을 주었다. 민주주의당들은 분쇄되고 대중은 조직적으로 조종되었다. 히틀러의 획일화, 테러의 증가, 경찰 기구와 정당 조직의 거침없

1938년 독일과 오스트리아 합병을 위한 히틀러 선전 플래카드

얄타 회담

는 확장 정책은 독일을 최단기간에 무자비한 전체주의 정권에 휘감기게 하고, 국민들을 또 다른 세계전쟁의 파멸 속으로 몰아넣었다.

초반에 히틀러는 독일과 세계를 향해 평화에 대한 자신의 의지를 성실하게 강조하며 자신의 진정한 목표를 속이는데 성공하고 군비를 확장할 수 있는 시간을 벌고자 했다.

나치당은 정치적 소수당으로 정권을 잡는데 성공하고, 선동정치와 미행, 테러로 정권을 유지하였다. 무수한 독일인들은 불운하게도 히틀러로 인해 발생하게 될 위험을 너무 뒤늦게 인식하였다. 그래서 많은 이들이 이민을 택하였다. 소수만이 히틀러 정권에 대해 적극적으로 저항하였다.

게다가 히틀러의 초반에 펼친 대외정책들은 잇따라 성공을 거두었다. 그의 자치 요구는 독일 오스트리아와 수데텐란트(Sudetenland, 슐레지엔과 뵈멘 사이 산맥 지역)의 서방 세력으로서는 전적으로 정당한 것이었다. 초반에는 반볼셰비키 정책으로 서방 세력의 호감도 얻었다. 서방 세력이 결코 묵인할 수 없는 폴란드 침공은 결국 제2차 세계대전의 참사로 이어졌다.

1933년	비상사태법, 수권법(授權法), 히틀러 제국 수상
1935년	자르(Saar) 표결, 일반 병역의무
1937년	극동 지역 전쟁 발발
1938년	오스트리아와 수데텐란트 합병
1939년	폴란드 침공, 보헤미아와 모라비아 보호령, 러시아와 계약

5. 제2차 세계대전

독일군은 초반에 유럽 대륙 전체를 정복하는데 성공하였다. 그러나 소비에트연방에 대한 공격은 힘에 겨웠다. 발칸 반도와 북아프리카에서 이탈리아를 지원한 후로 독일의 군사력은 계속해서 약화되었다. 일본과 미국의 전쟁 참가로 동부 아시아와 유럽의 전쟁 무대가 추축국(樞軸國) 과 전 세계로 확대되었다. 연합군의 우세로 인한 승리는 히틀러가 부르 짖은 총력전의 구호로도 저지될 수 없었다. 무조건적 항복을 하던 시기 에 러시아 군대는 엘베 강까지 밀고 들어왔다. 1945년 2월 얄타 회담에 서 폴란드의 국경을 서쪽으로 옮기고 독일을 연합군 점령지대로 나누기 로 결의하였다. 그로써 소비에트연방은 자신들의 영향권을 폴란드 평야 에서 엘베까지 확장하였다.

6. 중화인민공화국

전후 시기에서 중화인민공화국의 설립(1949년)은 세계 정치사에서 가

마오쩌둥(모택동)과 린 뱌오(임표)

장 중요한 사건이라 할 수 있다. 거의 50년간 지속된 시민전쟁이 끝난 후 소비에트 블록은 인구가 4억 5천만 명 가까이 증가하고, 미국의 위치는 아시아에서 약화되었다.

마오쩌둥(모택동, 1893~1976년)은 과격한 혁명을 수단으로 뒤떨어진 농경국가를 현대 산업국가로 변화시키고자 하였다. 그러나 홍위병의 문화혁명은 공산당과 군대의 중앙위원회와 대립하게 되었다. 마오쩌둥은 외부 정책적 야망으로 인해 모스크바와 긴장 정국에 이른다. 또한 투쟁으로 세계혁명에 이르려는 이념의 철저한 옹호자로서 그 지휘권을 요구하였다. 1969년 문화혁명은 공식적으로 막을 내리지만 그 본질적 특징만은 계속 유지되었다.

> ### ❗ 중국 연표
>
> | | |
> |---|---|
> | 1911년 | 중국 혁명 |
> | 1949년 | 마오쩌둥 중화인민공화국 설립 |
> | 1966~1979년 | 마오쩌둥 문화혁명 |

마오쩌둥의 죽음과 그의 미망인에 대한 탄핵으로 마침내 온건파가 다시 세력을 잡았다. 그 후 중국은 마오쩌둥과 그 추종자들이 초래한 혼란에서 벗어날 수 있었다.

1939년	폴란드 침공이 서구 세력의 전쟁 선포로 이어짐
1940년	독일 덴마크와 노르웨이 점령. 네덜란드, 벨기에, 프랑스 정복. 프랑스 됭케르크 (Dunquerque)에서 영국군 후퇴
1941년	독일군 그리스와 유고슬라비아에 출정, 소비에트연방 공격, 대서양 헌장, 일본군 진주만 공격, 독일, 미국에 전쟁 선포
1942년	반제회의, 조직적인 유태인 민족 학살 결의
1943년	스탈린그라드와 튀니지에서 독일군 항복, 카사블랑카 회의, 괴벨(Goebbel, 1897~1945년) 총력전 선포
1944년	북아프리카에서 연합군 공격, 동부 전선에서 러시아 군대 총공세, 독일에 대 공중 폭격
1945년	독일 항복, 히틀러 자살, 미국 히로시마에 원자탄 폭격, 일본의 항복

? **알고 넘어가기**

1942년 8월 육군원수 파울루스(Paulus, 1890~1957년)의 지휘로 6사단이 스탈린그라드로 진군하였다. 막심한 피해를 입으면서 독일 군대는 도시 대부분을 점령하는데 성공하였다. 소규모 돌격대로 분산된 독일군은 도시에서 격렬한 시가전을 치렀다. 11월 22일 붉은 군대는 대규모 역공세를 펼쳤다. 소련군은 스탈린그라드에서 6사단을 포위하고 다른 독일군으로부터 차단시켰다. 무슨 수를 써서라도 스탈린그라드를 사수하라는 지도자의 명령으로, 독일은 비행기로 포위된 군대에게 전쟁 물자를 공급하려고 시도하지만 실패하였다. 외부로부터의 해방도 마찬가지였다. 15만 명이 넘는 군사들이 스탈린그라드 포위에서 목숨을 잃었다. 마침내 1943년 1월 10일 육군원수 파울루스가 히틀러의 명령을 거역하고 항복하였다. 스탈린그라드 참패는 총체적으로 독일인들에게 정신적 외상을 입힌 큰 사건이었다.

7. 식민주의의 종말

식민주의 체제는 19세기에 스페인과 포르투갈 식민지 지배에서 벗어날 수 있었던 라틴아메리카를 제외하고는 제2차 세계대전이 끝난 후 변화된 세계정세를 통해 궁극적 위기를 맞게 되었다. 식민지 권력은 두 번의 세계전쟁을 치르며 지쳐 있었기 때문에 바다 건너 점령국의 소유권을 주장할 처지가 아니었다.

베트남 전쟁에 반대하는 미국 내 반전 시위

인도의 독립(1947년)은 전 세계에 신호탄이 되었다. 식민지 영토의 독립 과정은 1945년 이후 아시아에서 시작으로 각 지역마다 서로 다른 중심점으로 진행되어 아랍 국가들에서 계속되었다. 그리고 1969년대 초반 아프리카에 이르고, 1970년대 중반 아프리카에서 포르투갈 식민지배의 붕괴로 그 종말을 맞았다. 이 과정에서 결론은 두 가지로 나뉜다.

한편으로는 자주적인 민족국가들이 발달하지만, 다른 한편으로는 경제 · 문화 · 정치적 분야에서 신식민주의적 종속관계가 여전히 존재하게 되었다. 제3세계의 존재와 그들 안에 정주한 비동맹 국가들에 정치적 중심을 실어주려는 노력은 현대 세계 정치의 중심 요소로 떠올랐다. 비록 비동맹 국가들이 동 · 서 진영 간의 완충장치 역할을 하지만, 동 · 서 세력 간의 갈등과 탈식민지화 과정이 충돌하는 것은 어쩔 수가 없었다.

그 예로 프랑스 점령(1946~1954년) 시절과 미국 점령(1964~1973년) 시절의 베트남 전쟁, 근동 지역 분쟁(1948년 이후부터), 쿠바 혁명(1959년) 같은 수많은 반식민지주의 해방 전쟁을 들 수 있다. 쿠바 혁명은 쿠바 미사일 위기(1962년)로 동·서 간 갈등에서 비롯되어 자칫하면 원자폭탄 전쟁으로 확대될 뻔했으나 다행히 냉전의 종말을 이끌어냈다.

8. 냉전시대

냉전이라는 개념은 1947년 미국 언론인 월터 리프먼(Walter Lippmann, 1889~1974년)이 처음 사용했다. 그는 제2차 세계대전 이후 미국과 소비에트연방 사이에 직접적인 군사적 대결은 없지만 보이지 않는 갈등이 존재하는 것을 두고 그렇게 표현했다. 냉전은 소비에트연방의 붕괴로 끝이 났다. 통화개혁(1948년)이 시도되면서 독일 경제가 안정되어 갔지만, 양 독일은 승전국들의 영향으로 점점 더 멀어지게 되었다. 국제법상 동독을 인정하는 것을 둘러싼 다툼과 독일 장벽 건설(1961년)은 냉전의 첨예화를 불렀다. 비로소 빌리 브란트 총리 (1913~1992년) 정부에 이르러서야 독일 양국의 관계는 점진적으로 개선되었다. 두 초강대국 사이의 평화가 우주 개척

1960년대 소련의 우주 정복을 기념하는 기념탑

과 원자력 사용을 향한 경쟁과 '공포의 균형'을 통해 보장되는 동안 독일은 동·서 갈등의 중심에 위치하였다.

! 세계사 연표

1945년	아메리카 합중국 창설, 포츠담 회의, 제2차 세계대전의 결과로 소비에트연방은 영토·정치적으로 최대 수혜자
1947년	독일 동맹국들과 평화협정
1948년	첫 통화개혁
1949년	서방 세력의 북대서양 조약, 서독과 동독 창설, 아데나우어(1876~1967년, CDU) 초대 서독 수상
1953년	스탈린 사망, 동독 정부에 대한 반란, 동독은 소련연방에 의해 주권국가로 인정
1955년	동유럽 블록 바르샤바 조약
1957년	소련연방 우주에 최초 인공위성 발사, 로마 협정(유럽 경제 공동체, 유럽 원자력 공동체)
1958년	동독의 베를린 최후통첩
1960년	모스크바와 북경 간의 갈등으로 세계 공산주의 분열
1961년	소련연방 최초 우주 왕복, 베를린 장벽 건설
1962년	쿠바 위기, 세계전쟁 위기에서 강대국들 최초로 긴장 완화 노력
1963년	핵실험 금지 협정, 케네디 대통령 암살, 아데나우어 퇴임, 에르하르트(Erhard, 1897~1977년) 정권
1964~1982년	브레즈네프(Breschnew, 1906~1982년) 소련 공산당 AD장
1965년	미국 우주 비행사들 120회 선회
1966년	기민당(CDU)/사민당(SPD) 대연정, 키신저(Kiesinger)·브란트(Brandt) 정권
1868년	서독에 비상사태법 선포, 동독 새 헌법, 프라하의 봄, 바르샤바 조약기구 국가들의 무장간섭(루마니아 제외)
1969년	사민당/자민당(FDP) 연정, 브란트·쉘(Sheel) 정권
1970년	빌리 브란트 서독 새 동방정책 시작, 모스크바와 바르샤바 조약, 단치히 유혈사태, 폴란드 AD장 고무우카(Gomulka, 1905~1982년) 실각
1971년	베를린 4대 강국 조약 서명
1975년	헬싱키에서 유럽안보협력회의(KSZE) 인권 장전
1976년	폴란드 라돔(Radom) 소요사태
1979년	소련 아프가니스탄 무력 침공, 아프가니스탄 전쟁(1988년까지)
1980년	폴란드 파업, 레흐 바웬사(Lech Walesa, 1963년 출생) 자유연대노조 구성
1981년	폴란드 전쟁 사태(1982년까지)
1982~1984년	안드로포프(Andropow, 1914~1984년) 공산당 AD장
1984~1985년	체르넨코(Tschernenko, 1911~1985년) 공산당 AD장

9. 냉전의 종식과 소비에트연방의 붕괴

소련은 미하일 고르바초프 통치 아래 서방에 문호를 개방하였다. 독일 재통일로 고르바초프의 개혁정책(페레스트로이카, perestrojka)과 개방정책(글라스노스트, glasnost)은 성공적인 절정에 이르렀다. 그러나 고르바초프가 취한 정책은 국민들 소요가 있었던 공산국가에서 점점 거부당하였다. 결국 사회주의 정부의 통치권은 각 반대파들을 철저하게 조직적으로 탄압함으로써 유지될 수 있게 되었다.

그리하여 1991년 8월 동방 정교회와 공산주의자 세력이 고르바초프에 대해 쿠데타를 일으켰다. 반란은 3일 후에 보리스 옐친(1931년 출생)이 주도하는 개혁파들에 의해 끝났다. 쿠데타는 고르바초프의 권위에 치명적인 영향을 미쳤고, 그에 따라 고르바초프는 공산당 AD장에서 물러나고, 며칠 뒤 공산당 활동도 금지되었다.

9월 5일 소비에트연방 공화국의 대통령으로 구성된 국가 고문회의가 임시정부로 형성되고, 그 의장직을 고르바초프가 맡았다. 그러나 공화국주의자들은 서로 다툼만 일삼았다. 리타우엔, 레트란트, 에스트란트는 자신들의 소련연방 소속이 불법이라고 표현했다.

1991년 12월 6일 국가 고문회의는 발틱 연안 국가들의 독립을 공식으로 인정했다. 이틀 뒤 백러시아와 러시아, 우크라이나도 소비에트연방을 탈퇴하고 구소련 독립국가연합을 창설하였다. 12월 21일 전 소비에트연방국이었던 다른 8개국까지 가입하고, 그로써 소비에트연방의 종식이 확정되었다.

1991년 12월 26일 마침내 소비에트 의회는 한때 세계에서 가장 큰 국가였던 소비에트연방을 최종적으로 해산하였다.

⚠ 세계사 연표

1985~1991년	미하일 고르바초프 소련 공산당 AD장, 글라스노스트와 페레스트로이카
1989년	동독 자진 해산, 전 소비에트 블록에 도미노 현상
1990년	독일 재통일
1991년	모스크바 쿠데타로 고르바초프 실각, 소비에트연방 해산, 후임 국가단체로 구 소련 독립국가연합(CIS), 옐친 대통령 집권하에 러시아의 정치, 경제 위기
1999년	푸틴(1952년 출생)을 위하여 옐친 퇴임

10. 독일 재통일

헬무트 콜

1989년 11월 9일 독일 통일사회당(SED) 지도부가 거듭되는 대내외 정책상의 압력에 못 이겨 국경을 개방한 후, 마침내 상황은 걷잡을 수 없게 되었다. 점점 더 많은 사람들이 사회주의 정권의 통치권에 대해 이의를 제기하는 당과 시민권 회복운동에 참여하였다. 시민권리 회복운동과 당, 서방과의 합의를 원하는 일반 국민들의 압력으로 모드로프(1928년 출생) 수상은 1989년 11월 17일 정부 성명에서 동독과 서독 간의 계약 공동체의 가능성을 공식적으로 제안하고, 그 뒤에 서독 수상 헬무트 콜(1930년 출생)이 그의 10개 항목 프로그램으로 제시하였다.

미국이 독일 재통일의 가능성을 지지하는 반면, 프랑스와 영국은 무반응으로 일관했다. 이런 상황에서 고르바초프가 동독 수상 모드로프에게 독일 통일의 불가피함과 유럽 통일 과정의 필요성을 강조한 것은 뜻밖의 반응이었다. 정치적 문제 중 하나는 새로운 독일의 동맹 가입 가능성인데, 소비에트연방은 미래의 나토(NATO, 북대서양조약기구) 회원국으로서 커다란 손실이 아닐 수 없었다.

1989년 11월 9일 베를린 장벽 위에서 환호하는 사람들

1990년 7월 16일 고르바초프와 콜은 통일 독일에 관한 모든 근본적 문제점들이 해결되었다고 선언하면서 세계 언론을 깜짝 놀라게 하였다. 결국 독일 국민은 동맹국 가담을 자유롭게 선택할 수 있게 되었다.

1) 자유와 그 여파

이 약속과 점점 증가하는 독일 양국의 정치적 압력 때문에 승전 연합국들은 협상을 해야 했고, 양국 독일 대표와 함께 1990년 9월 12일 독일 재통일 조약인 소위 '2+4(독일 양국과 전승국 4개국이 서명했다고 해서 붙여짐.—옮긴이) 조약'에 서명하였다. 이는 독일에 대한 모든 권리를 연합국이 포기하고 전 독일의 주권은 독일 땅에 있다는 것이었다. 기본법 23항에 의거하여 1990년 10월 3일 독일 민주주의 공화국(동독)은 독일 연방 공화국(서독)에 가입하였다. 그로써 양국 독일 연방주들은 30년 만에 재통일되었다.

1990년 재통일 당시에는 감격에 겨워 과거 동독 통일사회당(SED) 정권이 얼마나 막대한 과거부담금을 통일 독일에 안겨주었는지는 분명하게 드러나지 않았다. 그러나 곧 경제 재건과 전체 산업기반, 적지 않은 환경 파괴의 실상이 드러나고, 구동독 주민들이 홀로 부담하기에 역부족이라는 것을 알게 되었다. 이로써 독일 국민들은 과거의 부담을 강제로 나누어 짊어져야 하며, 그 여파를 극복하기 위해서는 오랜 세월이 걸릴 것으로 내다보고 있다.

❗ 세계사 연표	
1974년	슈미트(1918년 출생)가 서독 사민당의 브란트 뒤를 이어 수상에 오름, 독일 양국 사이의 긴장 완화 분위기는 일시적으로 끝남
1982년	슈미트에 대한 불신임 투표로 헬무트 콜(기민당)이 연정(기민당/기사당/자민당) 당수
1985년 1991년까지	고르바초프 소련 공산당 AD장, 글라스노스트와 페레스트로이카
1989년	베를린 장벽 붕괴, 동독 자진 해산
1990년	독일 재통일
1998년	독일 역사상 처음으로 국민 선거에 의해 수상 해임. 헬무트 콜 16년 집권. 사민당/녹색당 연정, 독일 수상 게르하르트 슈뢰더(1944년 출생)

11. 유고슬라비아의 시민전쟁

1991년 부분 공화국 크로아티아, 슬로베니아, 마케도니아는 유고슬라비아로부터 독립하기로 결정하였다. 이로써 세르비아와 슬로베니아 사이의 첫 번째 전쟁이 일어나고, 2주 후에 종결되었다. 이는 세르비아가 인위적인 국가 조직인 유고슬라비아를 유지하는데 더 이상 관심이 없었기 때문이다.

그 대신 세르비아는 유고슬라비아에서 세르비아인들이 살고 있는 모든 지역을 포함하는 대 세르비아 제국을 꿈꾸었다. 슬로베니아에는 세르비아인들이 거의 살고 있지 않기 때문에 그곳에 막대한 군사 조치를 강구하는 것은 의미 없는 일이었다. 하지만 세르비아 입장에서 크로아티아와의 문제는 달랐다. 크로아티아 지역에는 세르비아인들이 모여 사는 크라이나(Krajina)가 있기 때문이었다. 두 공화국 사이에서 어떤 정치적 해결책에도 도달하지 못한 짧은 협상 노력이 있은 후 격렬한 '형제 전쟁'이 일어났다. 친세르비아 연방 군대와 크로아티아 국방 병력 간의 싸움은 격렬한 상태로 지속되었다. 크로아티아 지역의 3분의 1 이상이 세르비아 병력에 의해 점령되었다.

유럽 연합과 유엔은 유고슬라비아 전쟁 교섭에서 공통된 해결점을 찾지 못한 채 대책 없이 직면하고만 있었다. 1991년 겨울 독일 정부가 크로아티아와 슬로베니아의 국가 주권을 인정하자 갈등은 더 첨예화되었다. 보스니아·헤르체고비나가 독립을 선포하기 전에 갈등은 이미 이들 공화국에까지 번지고, 그 속에서 전 유고슬라비아 민족은 유린되기에 이르렀다.

세르비아인들이 보스니아·헤르체고비나 세르비아 공화국으로 선포하는 동안, 크로아티아는 보스니아·헤르체고비나 크로아티아 공화국을 창설하였다. 여러 민족들 사이에 격렬한 전투가 벌어졌다. 보스니아의 수도 사라예보도 전쟁의 무대가 되었다. 처음에 모슬렘들은 크로아티아 편에서 세르비아에 대항하여 싸웠다. 그러나 전쟁이 계속되면서 이 연합은 무너지고, 결국 유고슬라비아 전쟁에서는 크게 세 가지 분파가 적대적으로 대처하게 되었다.

전쟁은 특히 보스니아 · 헤르체고비나에 집중되었으며, 어느 분파도 결정적으로 차지하지 못하였다. 1994년 크로아티아는 나토의 지원으로 보스니아계 세르비아에 공중 폭격을 감행하여 우위를 차지하였다. 1995년 미국 데이턴(Dayton)에서의 평화 조약으로 마침내 전쟁은 끝이 났다.

? 알고 넘어가기

1995년 11월 전쟁 당사자들은 공식적으로 평화를 체결하고, 데이턴 조약에 서명하였다. 보스니아 · 헤르체고비나는 세르비아와 크로아티아 사이에서(보스니아 모슬렘도 포함) 분할되고, 독립국가로 인정받았다. 두 민족은 공동으로 의회를 구성하였다. 사라예보는 보스니아의 수도로 남았다. 북대서양조약기구(NATO)의 주도로 국제평화유지군(IFOR, Implementation Force)이 보스니아에 주둔하고, 1996년 9월 이후 집행된 국회와 국제안정화군(SFOR, Stabilization Force)으로 대체되었다.

세계사 연표

선사 시대

BC 500000~5500년	구석기~중석기 시대(The Paleolithic Age~The Mesolithic Age)
BC 5500~2200년	신석기 시대(The Neolithic Age)
BC 2200~800년	청동기 시대
BC 800~400년	초기 철기 시대(할슈타트 시대)
BC 400~15년	후기 철기 시대(라 텐 시대)

초기 고도 문명

BC 4000년	이후 초기 고도 문명
BC 3000년경	메소포타미아에서 수메르인들 도시 국가
BC 2850~2200년	멤피스 고대제국
BC 2350년경	메소포타미아에 아카드 왕국
BC 2050~1700년	테베 중기 제국
BC 1700년경	바빌론 함무라비
BC 1570~1085년	테베 신제국
BC 1000년경	이스라엘인들이 팔레스타인 정복
BC 587년	네부카드네자르(Nebuchadrezzar, 혹은 느부갓네살, 바빌론의 네 명의 왕) 예루살렘 정복
BC 550년 이후	키루스 대왕 통치 아래에 페르시아 제국의 상승

민족 이동 시기

BC 2200년 이후	최초의 인도게르만족 이동
BC 1400년경	아카이아인(초기 그리스인들) 그리스 정착, 미노스 시기(BC 1200년까지)
BC 1200년 이후	두 번째 인도게르만족 이동, 전방 오리엔트의 위기

그리스 역사

BC 750~550년	그리스 식민지 개척
BC 621년	아테네에서 드라콘에 의해 법 제정
BC 594년	솔론의 개혁
BC 561~510년	페시스트라토스와 그의 아들들의 폭정
BC 550년 이후	펠로폰네소스 동맹
BC 507년	클레이스테네스에 의한 아테네 질서의 개혁
BC 500~494년	페르시아에 대항한 이오니아의 봉기
BC 490~479년	페르시아 전쟁
BC 462년	페리클레스 통치 아래 아테네 번성기
BC 431~404년	펠로폰네소스 전쟁
BC 386년	사르데스에서 '왕의 평화 조약'(안달키다스의 평화 조약이라고도 함) 맺음
BC 338년	카이로네이아 근처에서 마케도니아의 필리프 2세 승리
BC 336~323년	알렉산더 대왕
BC 330년	페르시아 제국 멸망
BC 323년	바빌론에서 알렉산더 대왕 사망, 후계자 다툼

로마 역사

BC 1200년 이후	고대 이탈리아인들 이탈리아에 정착
BC 753년	로마 건국(전설에 따르면)
BC 510년	로마 왕정 붕괴
BC 450년경	12표법
BC 390년경	켈트족의 침입
BC 366년	평민도 집정관에 선출 가능
BC 264~241년	첫 번째 포에니 전쟁
BC 218~201년	두 번째 포에니 전쟁
BC 216년	칸나에 평원에서 한니발 승리
BC 149~146년	코린트와 카르타고 파괴로 세 번째 포에니 전쟁 종결
BC 133~130년	로마 시민전쟁
BC 113~101년	킴버(Kimber)족과 튜튼(Teuton)족 전쟁
BC 91~89년	동맹시 전쟁
BC 82~79년	술라 독재
BC 60년	카이사르, 폼페이우스, 마리우스에 의한 최초의 삼두 정치
BC 58~52년	카이사르 갈리아 정복
BC 48~44년	카이사르 집권
BC 31년	옥타비아누스 악티움 해전 승리
BC 7/6년	베들레헴에서 예수 탄생
BC 31~AD 14년	옥타비아누스 아우구스투스 칭호
9년	토이토부르그 숲 전투에서 바루스(Varus) 패배
45~58년	바울로의 전도여행
70년	티투스 예루살렘 파괴

224년	신 페르시아 제국 건설(642년까지)
235~84년	군인 황제 시대
284~395년	디오클레티아누스 황제
323~37년	콘스탄티누스 1세 통치 아래 로마 제국 재건
354~430년	아우구스티누스
375년경	게르만족 대이동 시작
391년	기독교 국교, 알렉산드리아 도서관 파괴, 고전(古典) 안티케의 끝
451년	카탈라우니아 평원 전투, 훈족의 방어
476년	서로마 제국의 종말, 게르만족이 제국 승계

중세

482~511년	프랑크족 왕 클로드비히, 서로마 제국 일부 정복
493~540/53년	동고트 제국(테오도리크 통치하에 526년까지)
527~567년	유스티니아누스 황제
590~604년	그레고리 교황
622년	모하메드 메카에서 메디나로 도주
634~644년	칼리프 오마르, 아랍 세계제국 창시자
711년	무어인들에 의해 서고트 제국 정복
732년	칼 마르텔 지휘 아래 프랑크족이 프랑스 투르와 프와티에에서 아랍인들에 승리
751년	소(小) 피핀 국왕에 즉위
768~814년	카를 대제
800년	로마에서 칼 황제 대관식

843년	베르됭 조약, 카롤링거 제국 삼분할(870년까지)
919년	하인리히 1세 선출, 독일 왕국(1806년까지)
936~73년	오토 대제
955년	아우구스부르크 근처에서 오토 1세 헝가리에 승리
962년	로마에서 오토 황제 대관식
1046년	수트리(Sutri, 이탈리아 도시명 — 옮긴이)에서 교회회의
1059년	교황 선출 법령, 성직매매와 평신도 성직 서품에 반대하는 교회개혁 시작
1073~85년	그레고리우스 7세
1096~99년	하인리히 4세 카노사의 굴욕
1122년	보름스(Worms) 종교협약
1152~90년	바르바로사(붉은 수염) 프리드리히 1세
1180년	사자왕 하인리히 폐위
1183년	콘스탄츠 평화 조약
1190~97년	슈타우펜 가문과 벨프 가문 사이 왕위 다툼, 필리프 폰 슈바벤과 오토 4세의 이중선거
1198~1216년	교황 이노센트 3세
1214년	부빈(Bouvines) 전투, 프랑스가 영국에 승리
1215년	마그나 카르타, 라테라노 공의회
1215~50년	프리드리히 2세
1250~73년	독일의 대공위 시대
1273~91년	루돌프 폰 합스부르크 왕
1279년	몽골족 중국 점령 끝
1282년	시칠리아 섬의 학살, 앙주(Anjou) 가문 시칠리아에서 추방
1309년	아비뇽에서 교황의 '바빌론 유수'(1377년까지)

1347~78년	카를 4세(룩셈부르크)
1370년	슈트랄준트 한자 동맹
1410년	폴란드와 리타우엔 독일 기사단에 승리
1414~18년	콘스탄츠 공회의
1415년	포르투갈 세우타(Ceuta) 점령, 포르투갈의 해상 확장
1420~36년	후스 전쟁
1453년	오스만족 콘스탄티노플 점령, 비잔틴 제국의 종말

근대

1483~1546년	마르틴 루터 종교개혁 일으킴
1492년	콜럼버스 아메리카 발견, 아라곤 왕 페르디난트와 카스틸렌 여왕 이사벨라 그라나다 정복
1494년	토드데시야스 조약
1517년	루터의 95개 명제
1519~56년	황제 카를 5세
1521년	보름스 칙령
1529년	영국 종교개혁
1556~98년	스페인 펠리페 2세
1558~1603년	영국 엘리자베스 1세
1562~98년	프랑스 위그노 전쟁
1567~1648년	네덜란드 해방전쟁
1588년	스페인 함대 격침
1598년	낭트 칙령
1618~48년	프라하 창문 투척 사건(1618년)으로 삼십년전쟁 발발

1624~61년	리슐리외와 마자랭이 재상으로 프랑스 다스림
1632년	구스타프 아돌프 사망
1634년	발렌슈타인 폐위와 사망
1648년	베스트팔렌 평화 조약
1651년	크롬웰의 항해조례(1658년까지 영국 호국경 Lord Protector)
1660년	프로이센 공국 브란덴부르크의 주권자 됨
1661~1714년	루이 14세 통치기간
1679년	영국 인신보호령
1682~1725년	러시아 피터 대제 개혁
1683년	터키 비엔나 점령 실패, 오스만 제국 몰락, 오스트리아 열강 진출(1918년까지)
1688~89년	영국 명예혁명과 권리장전
1701~14년	스페인 왕위 계승 전쟁
1701~21년	스웨덴 북방전쟁에서 좌절
1713~40년	군사왕 프리드리히 빌헬름 1세
1740~86년	프리드리히 2세 대제
1756~63년	7년 전쟁
1769년	제임스 와트 증기기관차 발명, 영국 산업 혁명
1772년	폴란드 첫 번째 분할
1775~83년	북아메리카 독립전쟁
1776년	미합중국 독립선언
1787년	연합국 헌법
1789년	프랑스 혁명
1795년	바젤 평화 조약
1799년	보나파르트 나폴레옹에 의해 집정내각 전복

1800년	아일랜드 영국과 연방
1804년	시민법과 나폴레옹 황제 즉위
1805년	영국 트라팔가 해전 승리, 나폴레옹 아우스터리츠 전투 승리
1806년	라인 동맹, 962년 이후 존재하던 독일 제국 해체
1807년	프로이센 슈타인 남작 개혁
1810~25년	볼리바르(Simon Bolivar) 지도 아래 남아메리카 독립 전쟁
1812년	나폴레옹의 러시아 정벌 실패
1813~15년	해방전쟁
1815년	비엔나 회의
1817년	독일 대학생 단체가 바르트부르그(Wartburg)에서 축제 개최
1819년	칼스바드(Karlsbad) 결의안
1821~29년	그리스 해방 투쟁
1823년	먼로주의(Monroe Doctrine) '아메리카는 아메리카 인들에게', 프랑스 7월 혁명
1832년	영국 의회 개혁
1834년	독일 관세 동맹
1837년	괴팅겐 7교수 봉기 사건
1837~1901년	영국 빅토리아 여왕, 영국 황금시대
1847년	칼 마르크스, 공산당 선언
1848년	프랑스 2월 혁명, 독일 3월 혁명
1850년	올뮈츠(Olmütz) 협정
1852년	나폴레옹 3세 황제
1853~56년	크림 전쟁

1858년	빌헬름 1세(1861년까지 왕자 섭정, 1871년 독일 황제)
1859년	이탈리아 통일전쟁
1861~65년	미국 남북전쟁
1862년	비스마르크 프로이센 재상(1890년까지)
1863년	전 독일 일반 노동자 협회 창설
1864년	오스트리아와 프로이센, 덴마크 상대로 전쟁
1866년	프로이센 오스트리아와 그 동맹국 상대 전쟁 승리
1869년	사회민주노동자당(Sozial Demokratische Arbeiter Partei) 설립
1870년	첫 바티칸 공회의, 교회국가(敎會國家)의 끝
1870~71년	독일과 프랑스 전쟁
1871년	제국 설립, 두 번째 독일 황제 제국(1918년까지)
1878년	사회주의자 법(1890년까지), 베를린 의회
1879년	독일과 오스트리아 2국 동맹
1883~89년	비스마르크 사회법 입법
1887년	러시아와 재보장 조약 체결
1890년	비스마르크 파면
1891년	사회민주주의 에어푸르트 강령
1898년	스페인과 미국 전쟁, 미국 강대국으로 부상

20세기

1904~07년	영국, 프랑스와 러시아 협약
1912~13년	발칸 전쟁
1914~18년	사라예보 암살사건 제1차 세계대전 야기

1917년	러시아 혁명, 미국의 전쟁 참여
1918년	브레스트 리토브스크(Brest-Litowsk) 평화조약, 윌슨의 평화 14개조 원칙
1919년	베르사유 조약과 파리 강화회의
1922년	무솔리니 '로마로 진격', 1943/45 이탈리아에 파시즘, 독일 제국과 러시아 사이에 '라팔로(Rapallo) 조약' 체결, 아일랜드 분할
1923년	히틀러 쿠데타
1924년	도스 안(Dawes Plan, 1차 세계대전 후 독일의 배상문제에 관한 재건 계획안— 옮긴이)
1925년	힌덴부르크 독일 제국 수상
1932년	힌덴부르크 재선임, 파펜과 슐라이허 정부
1933년	히틀러 제국 수상
1935년	일반 병역 의무, 뉘른베르크법
1938년	오스트리아 '합병'
1939년	보헤미아와 모라비아(체코슬로바키아의 지방 이름.— 옮긴이) 보호령, 히틀러와 스탈린 협정, 폴란드 침공으로 2차 세계대전 발발 계기(1945년까지)
1941년	일본 진주만 공습, 미국의 전쟁 참여
1942년	반제회의, 유태인 민족 학살 결의
1943년	스탈린그라드, 연합군 이탈리아 공격
1944년	노르망디에서 연합군 공격
1945년	독일군 항복, 미국 히로시마와 나가사키에 원자폭탄 투여, 포츠담 회의, 국제연합 창설
1948년	통화개혁
1949년	서독과 동독 설립

1950~53년	한국전쟁
1953년	스탈린 사망
1955년	동유럽 8개국 바르샤바 조약기구
1956년	흐루쇼프 비밀 연설, 폴란드와 헝가리에서 봉기, 수에즈 위기
1957년	로마 협정
1958년	알제리에서 쿠데타, 제4공화국 붕괴
1960년	'아프리카의 해', 수많은 아프리카 국가들이 독립 쟁취
1961년	베를린 장벽 건설
1962년	알제리 독립
1963년	케네디 암살
1965년	흐루쇼프 실각
1968년	프라하의 봄, 바르샤바 조약기구 무장 간섭
1969년	암스트롱과 올드린 최초로 달 착륙
1970년	단치히(지금의 그단스크―옮긴이)에서 봉기
1972년	베트남 전쟁 종식, 워터게이트 스캔들
1973년	세계 경제 위기
1974년	포르투갈에서 '카네이션 혁명'
1975년	앙골라와 모잠비크 독립, 프랑코 사망, 스페인 입헌 군주국
1976년	폴란드 위기 첨예화
1979년	러시아 아프가니스탄 무력 침공
1980년	폴란드 자유노조 운동
1981~89년	레이건 미국 대통령
1982~98년	헬무트 콜(기민당) 연방 수상
1985년	고르바초프 서구에 대해 소련연방 개방

1986년	인티파다(Intifada), 이스라엘이 점령한 지역 아랍인들의 끊임없는 봉기
1989년	베를린 장벽 붕괴, 공산주의 몰락
1990년	독일 재통일, 동유럽에서 공산주의 몰락, 이라크 쿠웨이트 점령으로 미국 공격 야기
1991년	모스크바 8월 쿠데타, 고르바초프 사직
1991~95년	유고슬라비아 시민전쟁
1993년	유럽연합
1995년	크로아티아 크라이나 지역 재탈환, 세르비아인들 대거 탈출
1997년	영국, 홍콩을 중국에 반환
1998년	포르투갈, 마카오를 중국에 반환. 헬무트 콜 재임 실패, 게르하르트 슈뢰더(사민당) 새 연방 총리
2000년	러시아의 옐친 후임자로 푸틴 등장
2001년	미국 세계 무역센터 테러로 붕괴
2003년	이라크 전쟁 발발
2004년	유럽 10여 개국 유럽연합(EU)에 가입
2008년	미국, 버럭 오바마 첫 흑인 대통령 당선

찾아보기